運動精進叢書 12

羽毛球技巧圖解

彭美麗　主編

大展出版社有限公司

本書特點

A 通俗易懂的文字

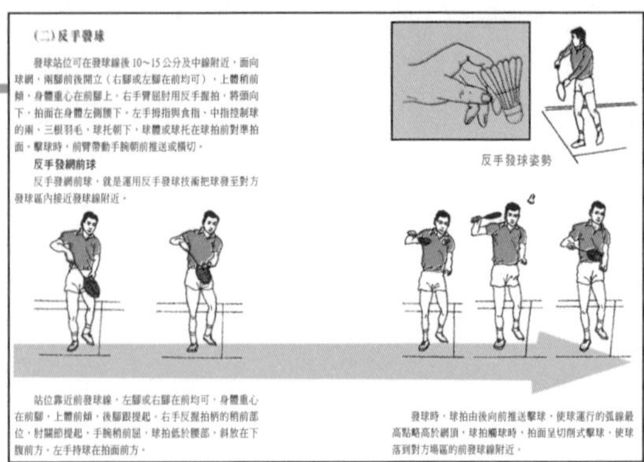

從讀者的需求出發，用最通俗易懂的文字深入淺出地介紹羽毛球運動的基本知識和基本技術，使讀者一看就懂，一練就會，是羽毛球入門的最佳教材。

B 生動形象的動作圖解

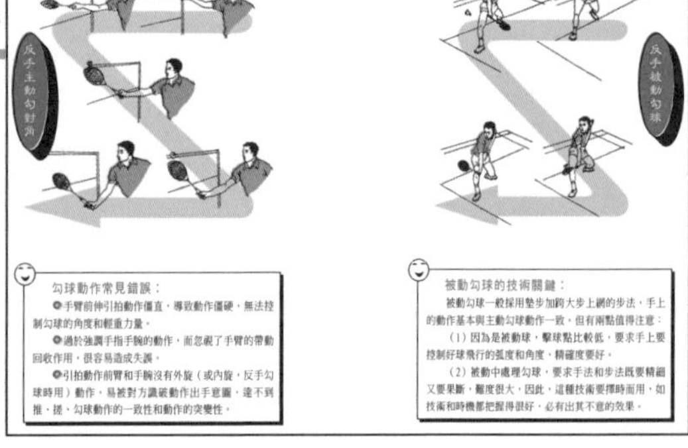

以詳細準確的連續的動作圖解形式，說明各種羽毛球技術動作的要點。圖示生動形象，要點簡明扼要，動作一目了然。

C 全面圖釋名將絕招

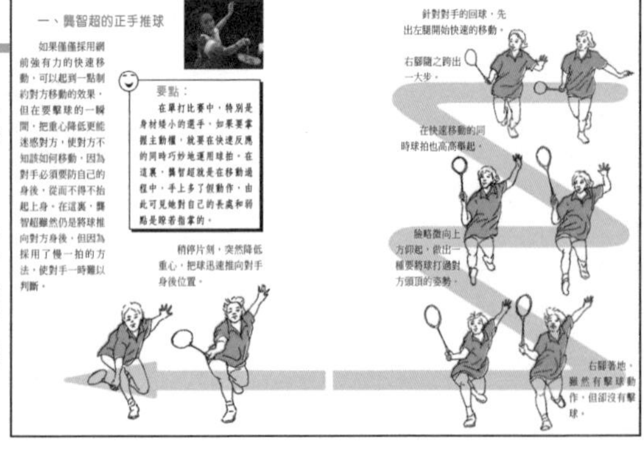

龔智超、葉劍穎、孫俊、湯仙虎、拉·西德克、皮特·蓋、拉斯姆森、王友福、張寧、馬汀等 10 位超級球星 16 種成名絕技最詳盡的連續動作圖解。

作者簡介

彭美麗　北京體育大學副教授，羽毛球一級裁判。

1940年出生，1959年代表北京市參加第一屆全國運動會羽毛球比賽，獲女子雙打、團體第4名，女子單打、混合雙打第7名。

1964年畢業於北京體育學院羽毛球專業。畢業後留校從事羽毛球教學訓練工作。曾任北京市羽毛球協會副主席，擔任過1987年第5屆世界羽毛球錦標賽、1994年亞洲羽毛球錦標賽、1995年亞洲杯羽毛球賽等的裁判工作。

多年來，一直致力於羽毛球運動的教學、訓練、裁判、科研工作，桃李滿天下。曾與王文教、陳福壽合著《教練員訓練指南》一書的羽毛球部分；編著北京體育大學羽毛球專修課教材《羽毛球》；編寫《球迷之友》羽毛球篇；與候正慶等人合著《跟專家練羽毛球》、《羽毛球裁判必讀》、《老年百科全書》和《中國百科全書》羽毛球部分等書。

前　言

羽毛球快速入門和提高球技的捷徑

技術、智慧和勇氣是至關重要的

「羽毛球入門的捷徑是什麼？」「如何快速提高羽毛球球技呢？」經常有學生問我這樣的問題。

對於羽毛球運動的愛好者和初學者來說，入門和提高是學習階梯中的兩個至關重要的臺階和難關。只有有效解決了這兩大難題，球技才會進入一個嶄新的境界。

羽毛球運動的歷史總是與傑出的運動員、優秀的教練員以及精彩絕倫的世界性大賽相互伴隨的。從湯仙虎、韓健、趙劍華、楊陽、李玲蔚到葛菲、顧俊、龔智超、葉釗穎；從王文教、陳福壽到李永波、田秉義；從湯姆斯杯、尤伯杯、蘇迪曼杯到世界羽毛球錦標賽、奧運會羽毛球賽、國際系列大獎賽，他們就像劃破夜空的流星，點燃羽毛球運動的激情，放射出耀眼的光芒。他們的名字和富有傳奇色彩的神話故事，令我們每一個人爲之怦然心動。

這些名揚四海的羽毛球運動員都無一例外地擁有

完美的個人技術和令人讚歎的戰術思想。這是他們賴以成功的堅實基礎。

沒有什麼方法可以替代精湛的個人技術，也沒有任何戰略戰術可迎合粗糙、低劣的技術。如果要提高個人的羽毛球實戰能力，就必須腳踏實地進行基礎技術練習。技術水準的提高是循序漸進，也是功到自然成的。

「揠苗助長」的寓言故事告訴我們，急於求成而使基礎練習半途而廢，是不可能使技術得到實質性提高的。而且即便是高水準的運動員，也要經常反覆地進行基礎練習，因爲這是邁向羽毛球技術頂峰的階梯，也是通向明星殿堂的必經之路。

對於羽毛球運動員來說，除了技術和智慧之外，最至關重要的是勇氣。缺乏勇氣的球員不可能成爲頂級的羽毛球高手。沒有什麼技巧能充分地彌補個人勇氣的不足。一名運動員只有首先具備了勇氣，他才能克服種種困難挑戰自我，在比賽中正常甚至超水準發揮，爭取最佳戰績。

技術嫻熟，善動腦筋，敢打敢拼的運動員總是令人敬畏的。

目　錄

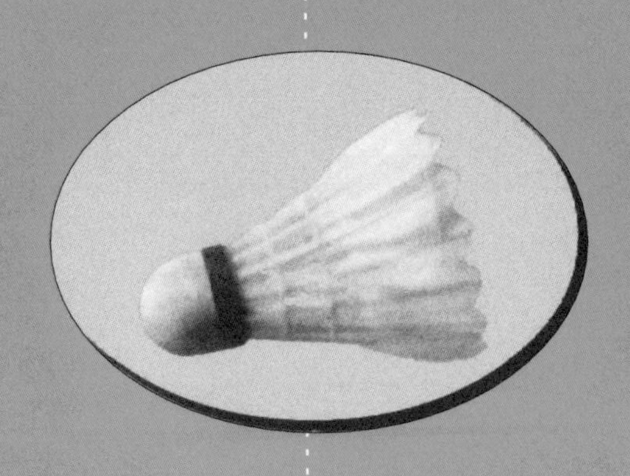

第1章 羽毛球基本知識

一、球拍與球

二、握拍法

三、場地與器材

一、球拍與球

(一) 球　拍

羽毛球拍是用木料、鋁合金或碳素纖維等質地輕而堅實、並富有彈性的材料製作而成。

球拍由拍柄、拍弦面、拍頭、拍杆、連接喉組成整個框架。拍框總長度不超過 680 毫米，寬不超過 230 毫米。拍弦面應是平的，用拍弦穿過拍頭十字交叉或其他形式編織而成，編織式樣應保持一致。

拍弦面長不超過 280 毫米，寬不超過 220 毫米。

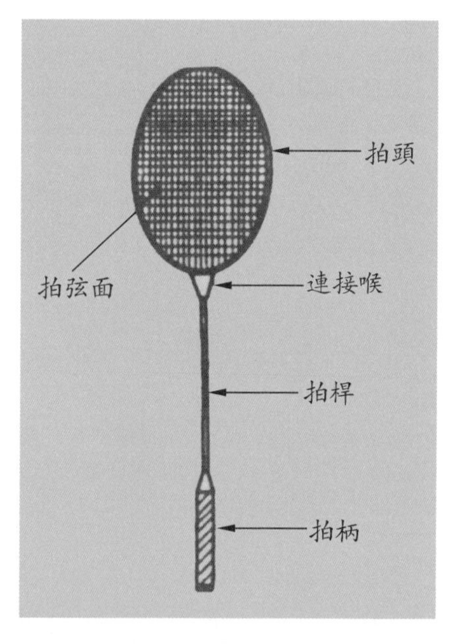

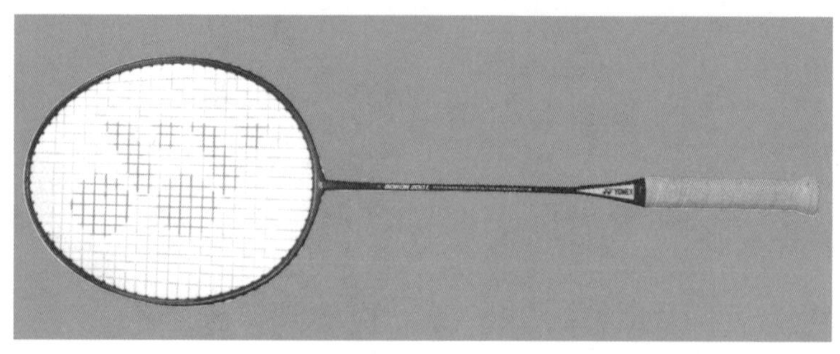

(二) 球

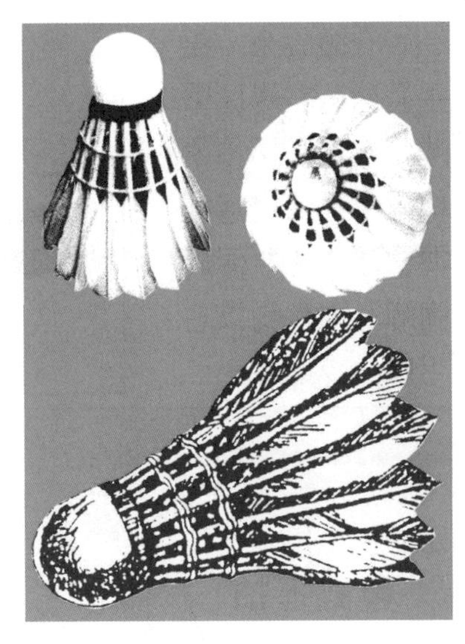

羽毛球重 4.74 克～5.50 克，應有 16 根羽毛插在半球形的軟木托上。球托直徑 25 毫米至 28 毫米，底部為圓形。羽毛頂端圍成圓形，直徑為 58 毫米至 68 毫米。羽毛應用線或其他適宜材料紮牢。

二、握拍法

每個羽毛球技術動作都有各自相應的握拍和指法，從不同角度擊球或擊出不同路線的球也要相應地用不同握拍法。不同的運動員完成同一個技術動作，也可採用不同的握拍和與之相配合的指法。

正確而靈活多變的握拍方法，是擊球手法的前提條件，握拍要有利於手腕的發力，能控制擊球力量的大小和擊球的飛行方向。

(一) 正手握拍法

虎口對著拍柄窄面內側的小棱邊，拇指和食指貼在拍柄的兩個寬面上，食指和中指稍分開，中指、無名指和小指併攏握住拍柄，掌心不要緊貼拍柄，要留有一定空隙，拍柄端與近腕部的小魚際肌齊平。握拍自然狀態下，拍面基本與地面垂直。

一般說來，正手發球、右場區擊球和左場區頭頂擊球等，都採用這種握拍法。（為便於講解，本書均以右手握拍者為例）

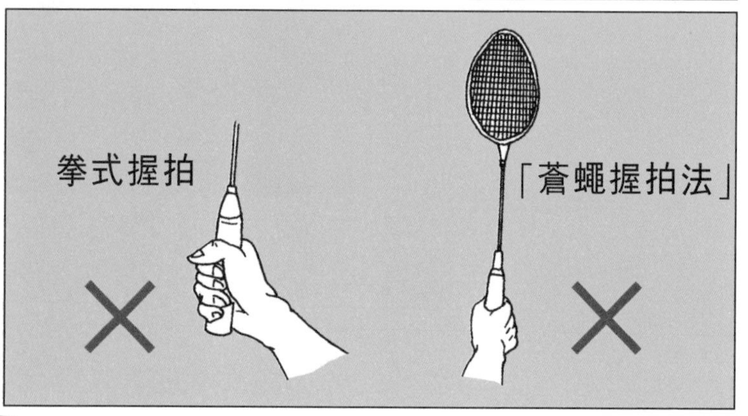

正手握拍法常見錯誤：

●拇指緊貼在拍柄的內側寬面上。

●握拍太靠上，不利於高球，殺球等技術動作的發力。

●拳式握拍，各手指相互緊靠，掌心沒有留出空間。

●「蒼蠅式」握拍，虎口對著拍柄的上側窄面，而不是對著拍柄內側的斜棱上。這種握拍使屈腕發生困難，妨礙對拍面角度的自由控制。

1. 正手網前搓球握拍法

在正手握拍的基礎上，拇指、食指、中指和無名指稍鬆開，使拍柄離開掌心，拇指斜貼在拍柄內側的上小棱邊上，食指稍前伸，使第二指帶斜貼在拍柄外側的寬面上。

2. 正手勾對角握拍法

在正手握拍的基礎上，拍柄稍向外轉，拇指斜貼在拍柄內側的寬面上，食指第二指關節和其他三指的指根貼在拍柄外側的寬面上，拍柄不貼掌心。

(二)反手握拍法

在正手握拍的基礎上，拇指和食指將拍柄稍向外轉，拇指自然貼在拍柄內側的寬面上，中指、無名指和小指併攏握住拍柄，柄端靠近小指根部，使掌心留出空隙，有利於擊球發力。

一般說來，擊身體左側的來球，採用反手握拍法。

1. 反手網前搓球握拍法

在正手握拍的基礎上，拇指、食指、中指和無名指稍鬆開，拍柄離開掌心同時使球拍稍向內轉，拇指貼在拍柄內側的上小棱邊上，食指第三關節貼在拍柄外側的下小棱邊上。

2. 反手勾對角握拍法

在正手握拍的基礎上，拇指、食指、中指和無名指稍鬆開，拍柄離開掌心，同時將拍柄向內轉動，拇指第二指關節的內側貼在拍柄內側的上小棱邊上，食指第二指關節貼在拍柄的下中寬面上，其餘三指自然抓在下中寬面和拍柄內側的寬面上。

反手握拍法常見錯誤：

- 拇指用力頂在拍柄內側寬面上。
- 拇指貼在拍柄內側斜棱上。
- 整個拇指（從拇指頭到拇指跟部）都緊貼拍柄。食指緊張僵直。

三、場地與器材

(一)場　地

羽毛球場呈長方形，長度是 13.40 公尺，單打球場寬 5.18 公尺，雙打球場寬 6.10 公尺。球場外面兩條邊線是雙打場地邊線，裏面的兩條邊線是單打場地邊線。雙打邊線與單打邊線相距 0.64 公尺。靠近球網 1.98 公尺與網平等的兩條線為前發球線。離端線 0.76 公尺與端線相平等的兩條線為雙打後發球線。前發球線中點與端線中點連起來的一條線叫中線，它把羽毛球場地分為左、右發球區。

各條線寬度均為 4 公分。整個場地的丈量應從線的外沿計算。場地上空 12 公尺內和四周 4 公尺以內不應有障礙物（包括相鄰的球場）。

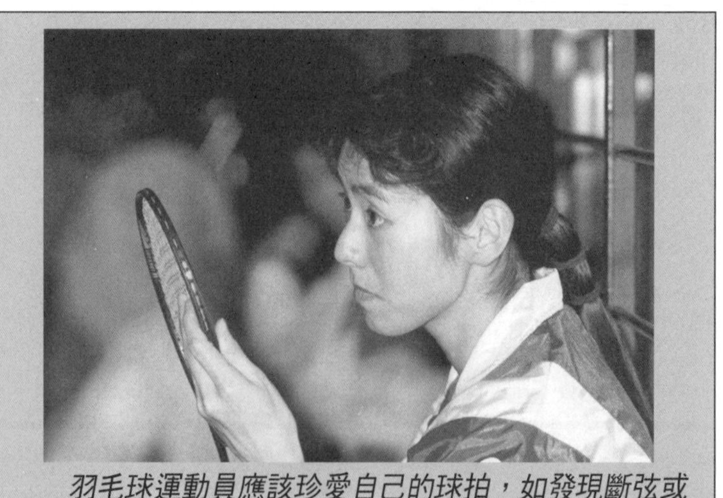

羽毛球運動員應該珍愛自己的球拍，如發現斷弦或鬆動，應立即進行修補。

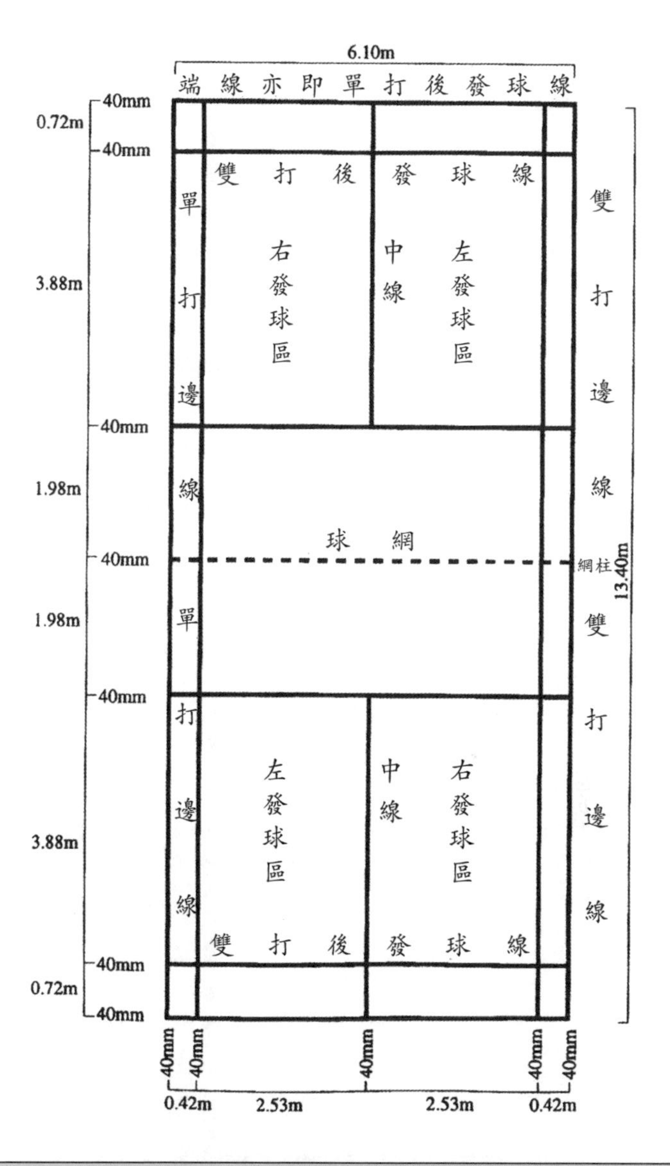

註：（1）此場地可用於單、雙打比賽；
（2）整個場地對角線長 =14.723m；
（3）「＊＊」為正常球速區標記。

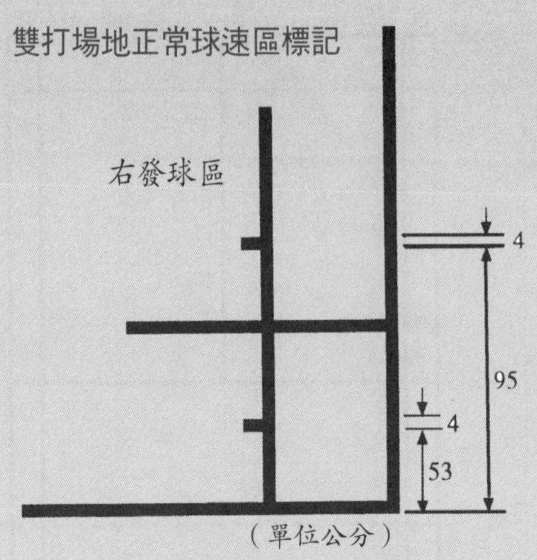

註：標記尺寸為 40mm × 40mm

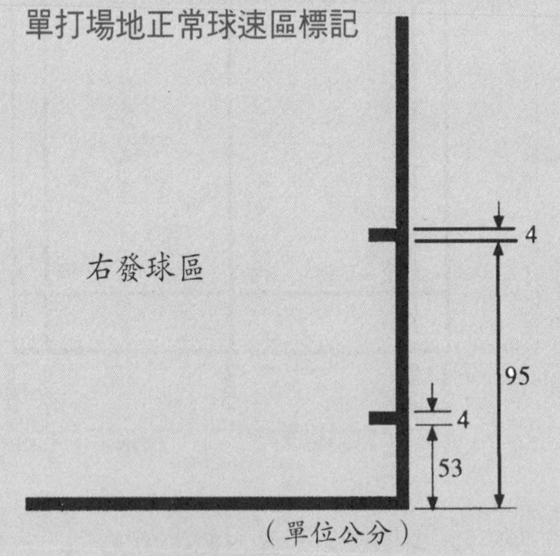

註：標記尺寸為 40mm × 40mm

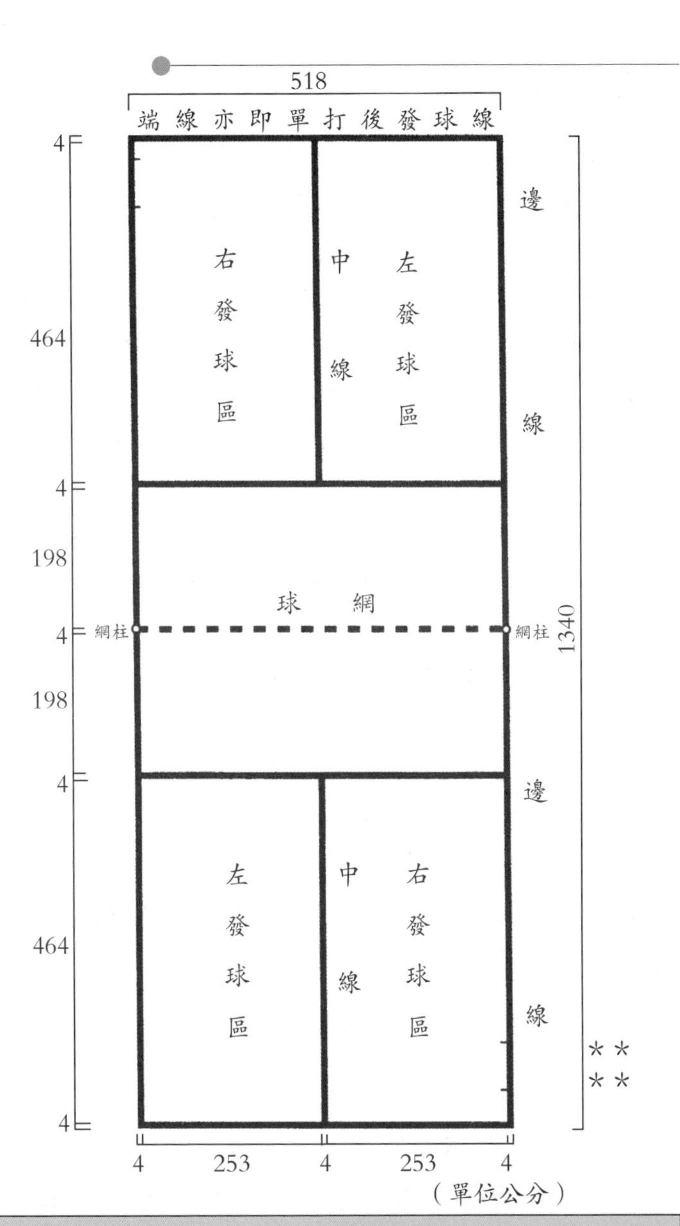

（單位公分）

註：（1）此場地僅用於單打比賽；

（2）單打場地對角線長 =14.366m；

（3）「*　*」為正常球速區標記。

為了避免風的干擾，羽毛球比賽一般都在室內進行。為給比賽創造一個適宜的環境，比賽館內應具備一些特別的條件，添置一些必需的設備。

理想的比賽場地應採用化學合成材料鋪設。當然，在基層的各級比賽中，也可以在木板地面、水泥地或三合土地面上進行比賽。不論是什麼質地的場地，都必須保證運動員在比賽中不感到太滑或太黏，還要求具有一定的彈性。

球場上空的燈光，是關係到此賽能否順利進行必不可少的重要因素，因為適宜的燈光能使運動員對比賽充滿信心。另外，當運動員朝著牆壁或天花板方向注意來球的時候，任何反光面都會妨礙運動員的擊球。為避免自然光線的干擾，體育館內應掛上窗簾。在專門的羽毛球館內，牆壁和天花板應是暗色的。

關於燈光的設置和佈局有兩種方法：一種是白熾燈泡，安裝在每一球場兩側網柱的上空，燈光照度總計要在400LX至500LX之間；另一種是螢光燈，要求掛在與球場邊線平行且長度一樣的地方。

(二)器　材

1.球　網

場地中間張掛的球網應是深色的，用優質的細繩織成。網孔為方形，各邊長均在15～20毫米之間；網上下寬為760毫米；網的頂端用75毫米寬的白布對折而成，用繩索或鋼絲從夾層中穿過，白布的上沿必須緊貼繩索或鋼絲；繩索或鋼絲也必須有足夠的長度和強度，能牢固的拉

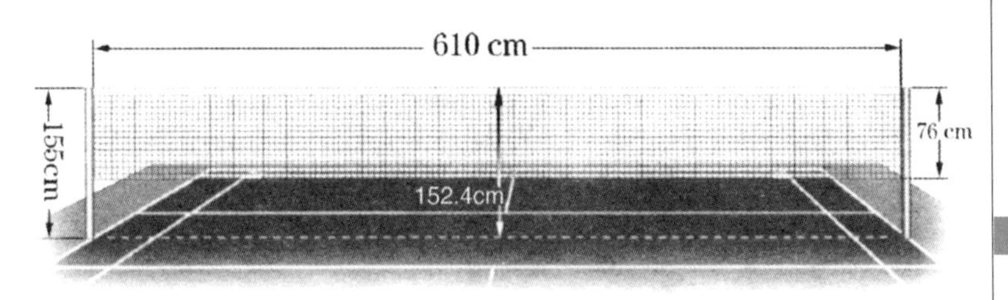

緊並與網柱的頂端取平，球網的兩端必須與網柱繫緊，它們之間不應有空隙。

2. 網　柱

從球場地面起，網柱高 1.55 公尺。網柱必須穩固，並與地面垂直。網柱應使球網保持拉緊狀態。雙打場地網柱應

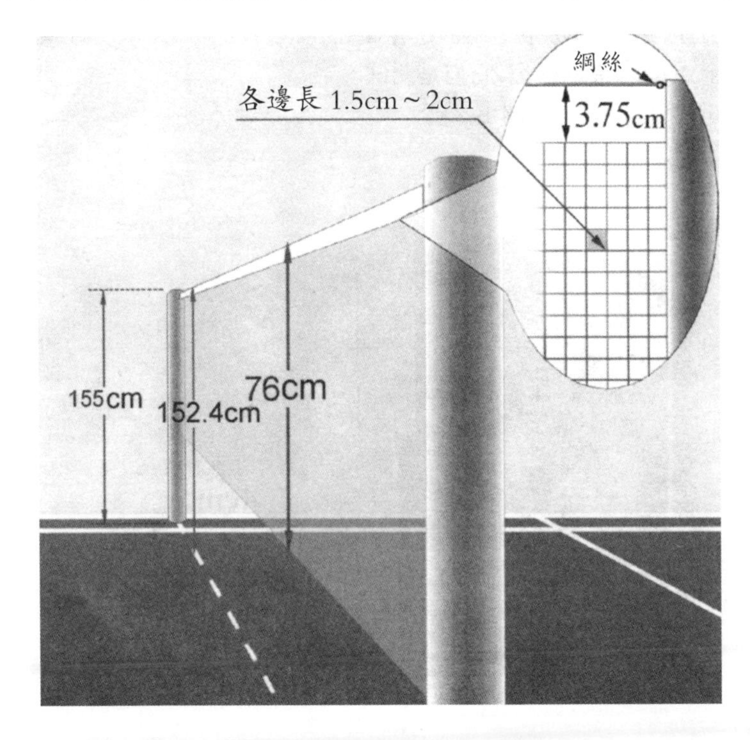

放置在雙打邊線的中點上，單打場地網柱應旋轉在單打邊線的中點上。如不能設置網柱，必須採用其他辦法標出邊線通過網下的位置，如可以使用細柱和 40 毫米的條狀物固定在邊線上，垂直向上到網頂繩索處。

第2章 羽毛球基本技術

一、發　球

二、接發球

三、擊球技術

一、發　球

發球作為組織進攻的開始，其質量的好壞直接關係到比賽的主動或被動，以致贏球得分或喪失發球權。

發球可分為正手發球和反手發球。按發球的空中飛行弧線又可分為發網前球、平快球、平高球、高遠球。除發高遠球採用正手發球外，其餘用正手或反手發球均可。

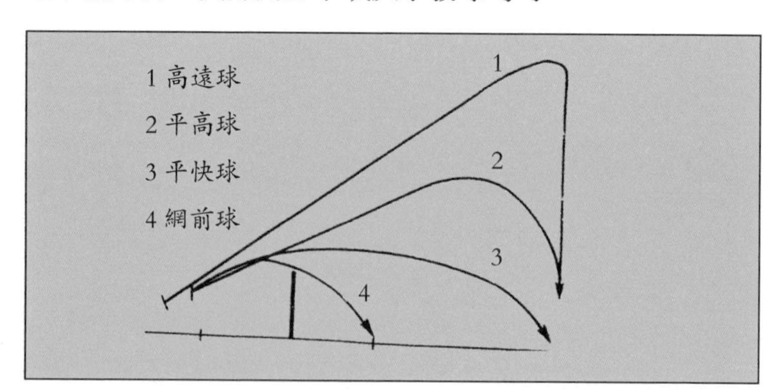

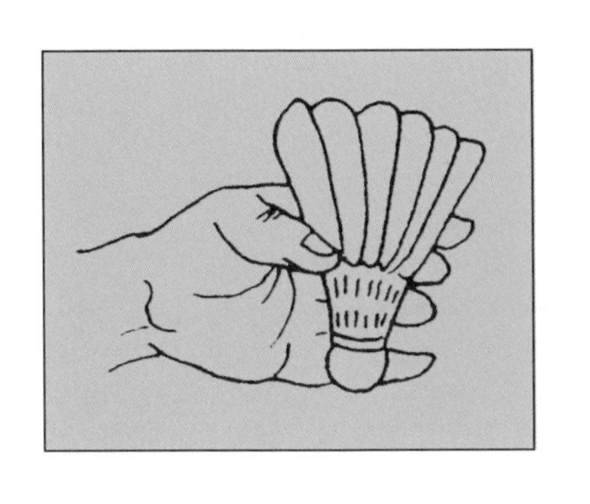

(一) 正手發球

身體左肩側對球網，兩腳分立，與肩同寬。左腳在前，腳尖向網；右腳在後，腳尖稍向右側，重心放在右腳上。準備發球時，右手握拍向右後側舉起，肘部微屈，左手拇指、食指和中指夾住球，舉在腹部右前方。準備發力擊球時，先放開球，然後揮拍擊球。擊球時，身體重心由右腳移至左腳上。

用正手發不同的弧線球，擊球前準備與前期動作是一致的，只是在擊球時及其後的動作有所不同。

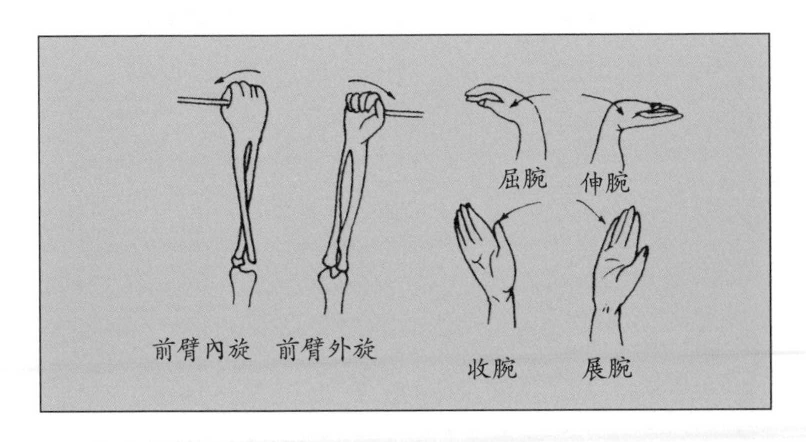

1. 正手發高遠球

準備發高遠球的時候，站在離前發球線1公尺左右發球場區中線附近，面對球網，兩腳自然開立。左腳在前，右腳在後。身體重心放在右腳，身體略微向後仰，右手向右後側舉起，肘部稍彎曲，左手拿球置於胸前（可拿球的任何部位）。

發球的時候，左手將球落下，右手的大臂帶動小臂，從右後方往左前上方揮動。大臂開始揮動的同時，身體重心隨勢由右腳移到左腳。

身體重心的移動、手臂的揮動和手腕的鞭擊這幾個動作的力量要協調好，使得整個動作連貫協調，把身體各部分的力量通過球拍作用到球上。

發高遠球就是把球發得既高又遠，使球向對方的後場上方飛去，球的飛行路線與地面形成的角度要大於 45°角，球在對方場區底線附近（界內）垂直下落。

發高遠球的目的是使對手退到底線去擊球，如果發高遠球的品質較高，發得又高又遠，則可以限制對方的進攻戰術，使對方在接發高遠球的時候，不容易馬上進攻。在對方體力不足的時候，發高遠球也可以使對方消耗更大的體力。

當球落到擊球人手臂向下自然伸直能觸到球的部位的一剎那，握緊球拍，並利用甩手腕的力量，向前上方鞭打擊球，在把球擊出同時，手臂向上方揮動，擊球之後，身體重心也由右腳移至左腳，身體微微向前傾。

2. 正手發平高球

準備發平高球時，站在距前發球線約1公尺左右發球場區中線附近，面對著球網，左腳在前，右腳在後，兩腳自然分開。身體重心放在右腳，身體自然地略向後仰，右手向右手側舉起，肘部稍彎曲，左手拿球並自然地在胸前彎曲。

發球時，左手把球在身體靠右前方並放下，使球下落；右手同時揮大臂帶動小臂，小臂加速自右後方往左前方揮動球拍。

發平高球時，球運行的拋物線不大，使球迅速地越過對方場區空中而落到底線附近。球在空中飛行的路線與地面形成的仰角是45°角左右。

發平高球的動作基本上與正手發高遠球相同。但發力方向與擊球點有些差別。在擊球的一剎那，前臂加速帶動手腕向前上方揮動，以向前用力為主。注意發出球的弧線以對方伸拍擊不到球的高度為宜，並應落到對方場區底線。

在比賽時運用這種發球，作用也是迫使對手退到底線擊球，限制對手的進攻。

當球落到擊球人腰部稍下的一剎那，緊握球拍，手腕向前上方擊球（以向前為主）。擊球時，其動作比發高遠球的動作弧度小，從小臂起動到最後球拍擊球的整個過程就像甩鞭子一樣。

3. 正手發網前球

發網前球時，站位稍前。由於網前球飛行距離短、弧線小，因此大臂揮動的幅度和手腕後伸的角度要比發高遠球小許多。

發網前球動作的常見錯誤：

●動作的節奏掌握不好，動作突然僵硬，容易造成發球穩妥性差。

●擊球時，手腕上挑或拍面不正向前切球，這種動作容易使球向上飛行，影響適宜的飛行弧度。

發網前球就是把球發到對方發球區內的前發球線附近。

比賽中發網前球可避免對方接發球時往下壓球，限制了對方的一些進攻技術。

握拍要放鬆，上臂動作要小，主要靠前臂帶動手腕向前送，球的弧線要儘量控制貼網而過，落點在前發球區附近。

球拍觸擊球時，拍面從右向左斜切擊球，使球剛好越網而過，落在對方前發球線附近。

（二）反手發球

發球站位可在發球線後 10～15 公分及中線附近，面向球網，兩腳前後開立（右腳或左腳在前均可），上體稍前傾，身體重心在前腳上。右手臂屈肘用反手握拍，將頭向下，拍面在身體左側腰下。左手拇指與食指、中指控制球的兩、三根羽毛，球托朝下，球體或球托在球拍前對準拍面。擊球時，前臂帶動手腕朝前推送或橫切。

反手發網前球

反手發網前球，就是運用反手發球技術把球發至對方發球區內接近發球線附近。

站位靠近前發球線，左腳或右腳在前均可，身體重心在前腳，上體前傾，後腳跟提起。右手反握拍柄的稍前部位，肘關節提起，手腕稍前屈，球拍低於腰部，斜放在下腹前方。左手持球在拍面前方。

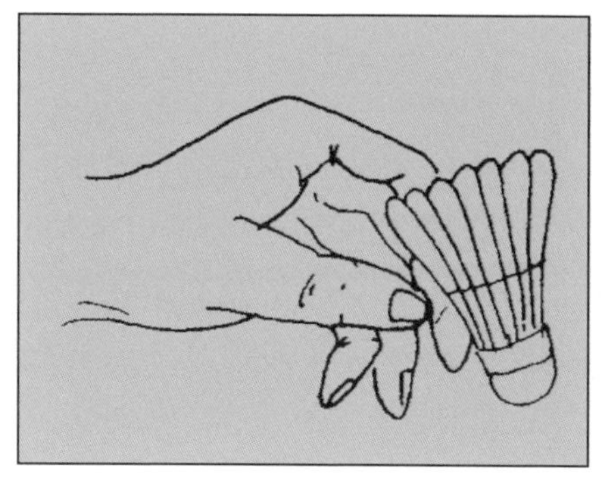

反手發球姿勢

發球時，球拍由後向前推送擊球，使球運行的弧線最高點略高於網頂，球拍觸球時，拍面呈切削式擊球，使球落到對方場區的前發球線附近。

(三)合法發球

羽毛球競賽規則規定，合法的發球應注意以下兩點：一是在發球過程中，雙腳均不能離開地面或移動，但發球時隨重心前移，右腳跟隨之自然提起，只要腳尖不動，不屬違例；二是當球與拍面接觸的瞬間，球與球拍的接觸點及整個球體均要低於腰部，拍框的最高點不能超過腕部。

1. 過　手

發球時擊球瞬間，球拍的頂端未向下，整個拍框未明顯低於握拍的整個手部，為「過手」違例。

運動員發球時，肘關節未提起，擊球點離體側較遠有橫掃動作，如發平球和平快球均易「過手」違例。

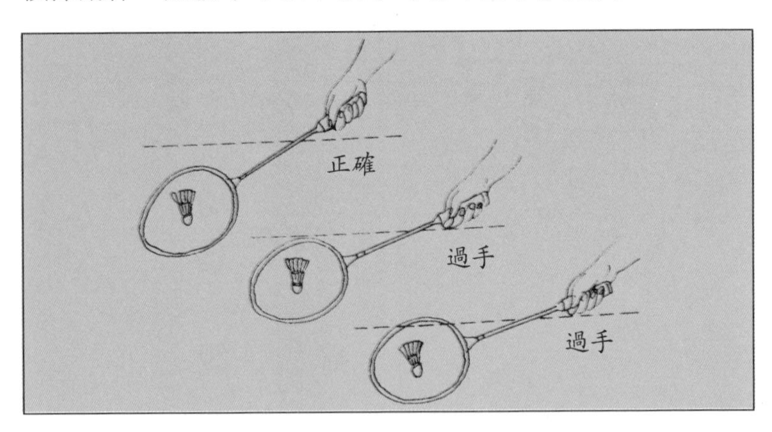

2. 過　腰

發球時，球的任何部分在擊球的瞬間高過發球員的腰部，稱為「過腰」違例。

腰應以發球員最後一根肋骨下沿的水平切線為準，一般正常情況下，在發球員褲腰帶偏上，不能以褲腰帶為準。

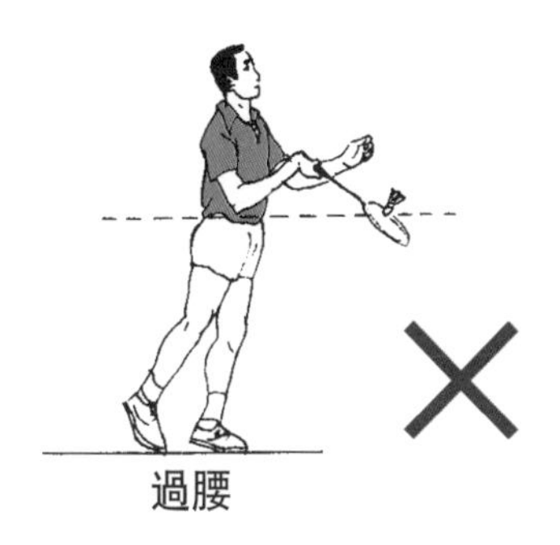

3. 發球有效區域

場地的中線將長方形的場地一分為二。場地中線右邊為右發球區，左邊為左發球區。如在右區發球，必須將球發在相應的右發球區內才有效。單打右發球區的有效發球區域為中線、中線右邊的單打邊線、後場端線前發球線之間。左區則相反。雙打右發球區的有效區域為中線、中線右邊的雙打邊線、雙打後場發球線和前發球線之間。左區則相反。

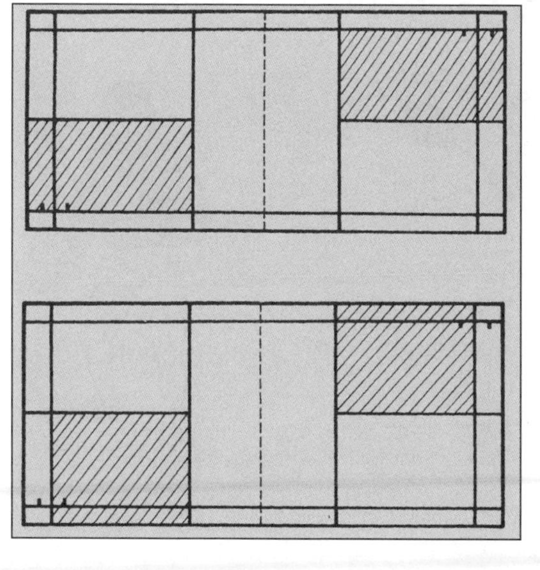

單打發球有效區域

雙打發球有效區域

二、接發球

接發球和發球一樣，都是羽毛球最基本的技術，在比賽中同樣起著重要的作用。如果說發球發得好是走向勝利的開始，那麼接發球接得好則是走向勝利的第一步。發球方利用多變的發球來打亂接發球方的陣角爭取主動。而接發球方則是通過多變的接發球破壞發球方的企圖。

（一）接發球的站位和姿勢

1. 單打站位

單打站位於離前發球線 1.5 公尺處。左右發球區要站在靠近中線的位置；在左發球區則站在中間位置。主要是防備對方直接進攻反手部位。一般左腳在前，右腳在後，雙膝微屈，收腹含胸，身體重心放在前腳上，後腳腳跟稍抬起。身體半側向球網，球拍舉在身前，兩眼注視對方。

單打站位

雙打站位

2. 雙打站位

由於雙打發球區比單打發球區短 0.76 公尺，發高遠球易被對方扣殺。所以雙打發球多發網前球為主。接發球時要站在靠近前發球線的地方。雙打接發球準備姿勢和單打的接發球姿勢基本相同，略有區別的是身體前傾較大，身體重心可以隨意放在任何一腳，球拍舉得高些，在球來到網上最高點時擊球，爭取主動。但要注意右場區對方發平快球突襲反手部位。

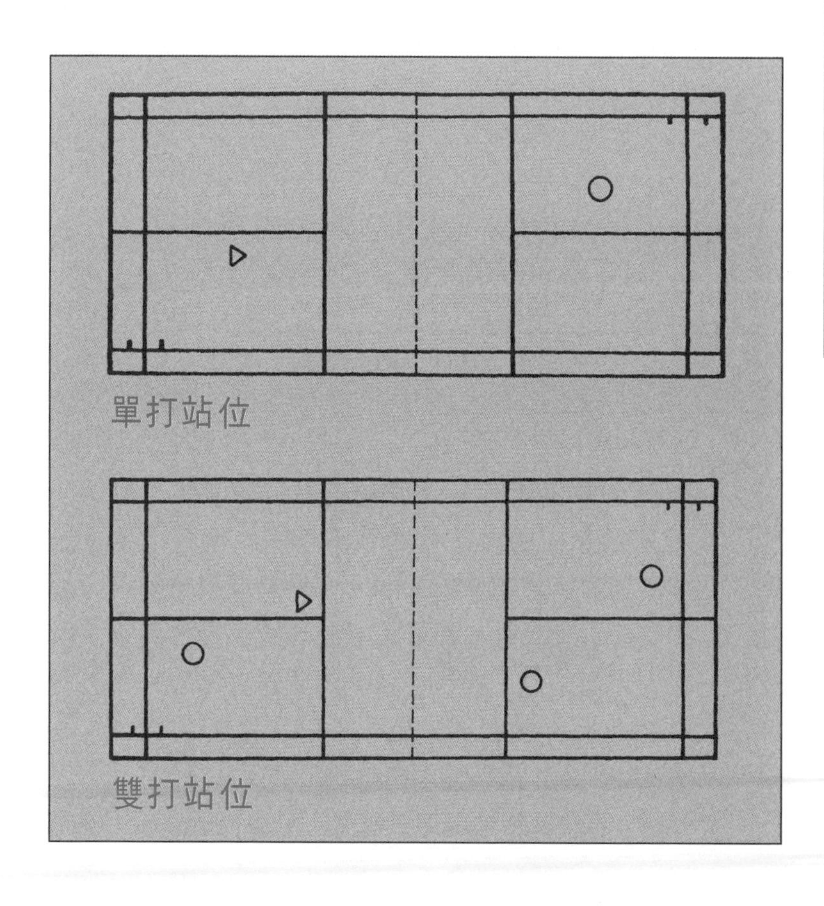

(二)接發各種來球

對方發來高遠球或平高球時，可用平高球、吊球或殺球還擊。一般說來，接發高遠球是一次進攻的機會，還擊得好，就掌握了主動。但初學者常因後場技術沒掌握好，還擊球的品質較差，以致遭到對方的攻擊。因此，要提高後場進攻技術。

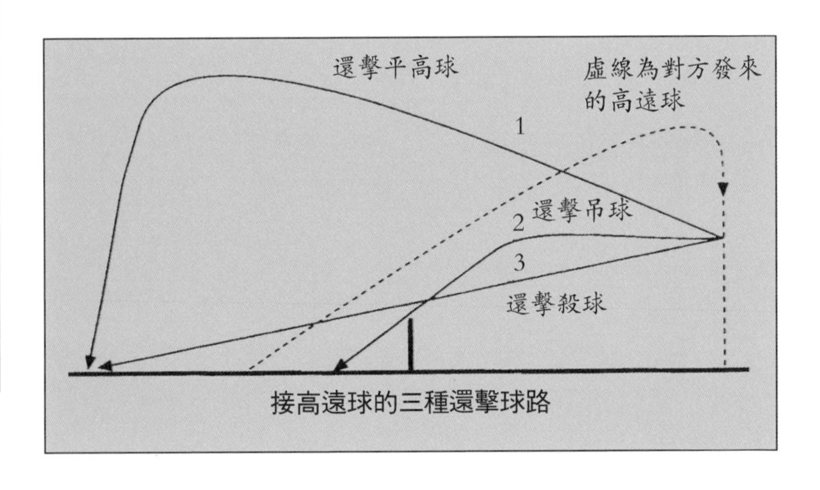

接高遠球的三種還擊球路

對方發來網前球時，可用平高球、高遠球、放網前球、平推球還擊；如對方發球品質不好，也可用撲球還擊。要洞察對方發網前球的意圖，如果是要發球搶攻，而自己的防守能力又不強，那就放網前球或平推球還擊，落點要遠離對方的站位，控制住球，不讓對方進攻。當對方連續發球搶攻時，接發球一定要冷靜、沉著，若疏忽麻痹，回球質量稍差，就可能讓對方搶攻得手。

對方發來平快球時，可用平推球、平高球還擊，以快制

快，由於接球方還擊的擊球點比發球方高，下壓得狠些可以奪取主動。其次亦可以高遠球還擊，以逸待勞。不能倉促還擊網前球，因為若擊球質量稍差，有可能遭受對方的進攻。

至於接發球中的球路和落點變化，以及如何以己之長，攻彼之短，這就關係到戰術的運用問題了。

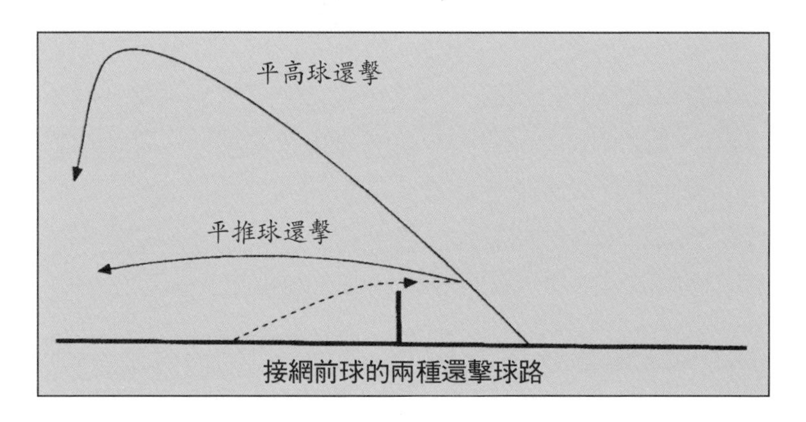

接網前球的兩種還擊球路

發球動作的常見錯誤：

●持球手將球向上拋而不是放開球使之順勢落下，這種動作將影響發球穩定性。

●擊球瞬間，拍面沒有正對球頭。擊球時，出現不同角度的切球動作，這種動作將極大地影響發球的高度和角度。

接發球動作的常見錯誤：

●準備動作不充分，球拍掉在下方，身體僵直，重心偏高（高腳直立）；

●拍頭低於手腕。

三、擊球技術

比賽過程中，運動員要根據實際情況，靈活交替運用各種擊球方法，使擊球力量的大小、落點的遠近、飛行弧線的高低、飛行路線的直斜、飛行速度的快慢以及球的旋轉等經常發生變化。這樣，才能做到攻有手段，守有招數，贏得比賽的主動權。初學者應首先努力掌握擊球法中最重要、最基本的一些內容，然後再爭取全面、準確、熟練的掌握所有擊球技術。

擊球有很多技術動作，根據這些技術動作的特點，大致可分為高手攻球、低手擊球和網前擊球三大類。

(一)擊球技術分析

羽毛球比賽時，運動員的每一次擊球動作，都是從站位準備開始，在判斷對方來球的路線、落點後，快速起動，移動到擊球位置擊球，然後做下一次的擊球準備。

1. 基本技術環節

(1) 站位、準備

接發球員在做接發球準備時，要選擇在本方場區或接發球區內合適的位置，以便全面照顧自己的場區，迅速到位擊球。準備姿勢要有利於迅速起動，一般情況是發球員發球後，兩腳左右開立，稍有前後，膝關節略微彎曲，身體重心在前腳掌並在兩腳間輪流移動，即身體重心不要同時壓在兩個腳上或某一個腳上，以便快速起動。持拍手應放在胸前，拍頭向上。這樣可以很快做好擊球準備。

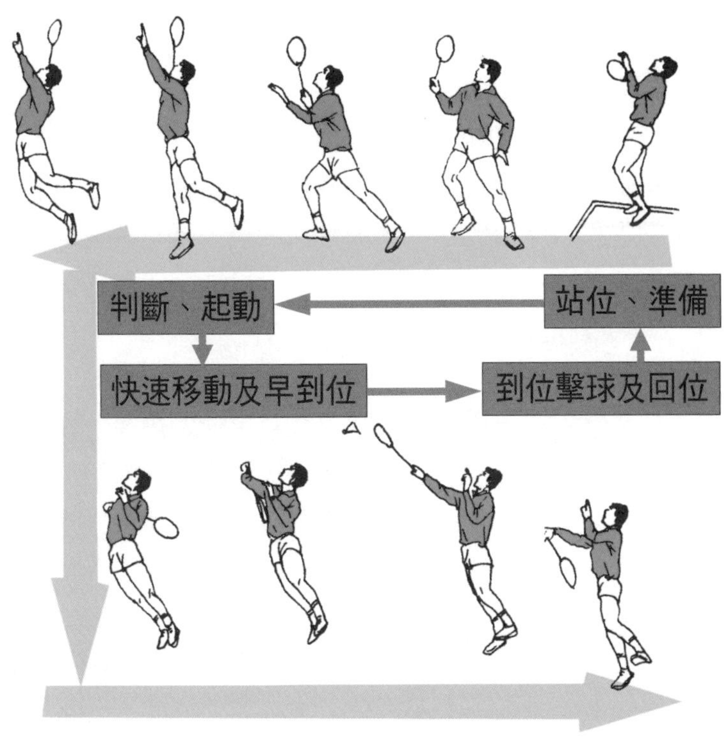

（2）判斷、起動

根據對方的戰術意圖、擊球規律、技術特點、場上雙方態勢和對方的擊球動作等等，做出預測判斷，即估計對方將會擊來什麼球。此時，可把自己的注意力和身體重心移向自己的判斷方向，甚至可以在對方擊中球之前提前移動（接發球時不能先移動），但眼睛仍要密切觀察對方的擊球，如果對方擊出的球與自己預測判斷完全一致，就可以在原先移動重心的基礎上迅速起動；如果對方擊出的球與自己預測判斷不一致，就必須迅速調整重心再起動。所以，判斷起動可產生兩種情況：①判斷正確，起動迅速，爭得主動。②判斷錯誤，造成調整重心第二次起動，往往就會陷入被動或接不到球。

（3）快速移動及早到位

跑動既要快速，又要能很好地控制自己的身體重心，在跑動過程中完成擊球動作的引拍準備，這是快速回擊球的前提。

（4）到位擊球及回位

擊球者跑動到位後，根據場上情況，按自己的戰術意圖，把球擊到對方場區。這時要注意擊球的最後一步，一定要控制好身體重心。通常擊球時，與握拍手同側的腳與握拍手在同一方向，腳著地時要有緩衝，擊球後手臂要立即自然放鬆，恢復持拍放在胸前，積極做好迎接下一拍的準備。此時，擊球員不一定馬上跑回他的中心位置，而是應根據自己擊出球的落點、質量，對方的戰術意圖、技術特點等雙方的態勢，來決定自己應取的準備位置。這個位置可偏左、偏右或壓到網前等等。例如，擊球員在被動時挑出一個高弧線的底線高球時，他就有時間回到自己場區的中心做準備。又如，擊球者殺到對方一個邊線球，估計對方只能回直線網前，殺球者就可以直線衝到網前封網，在對方球過網時，立即封網撲殺。

2. 擊球技術要領

一個優秀的羽毛球運動員，必須掌握全面、實用、正確的各種擊球技術。擊球技術的好壞，最終體現在擊出球的球速控制變化和球的飛行弧線的控制變化能力的高低，球的落點是否準確和在同樣一個擊球點上，能否擊出速度、弧線、落點多種變化的球，使對方難以判斷、回擊。

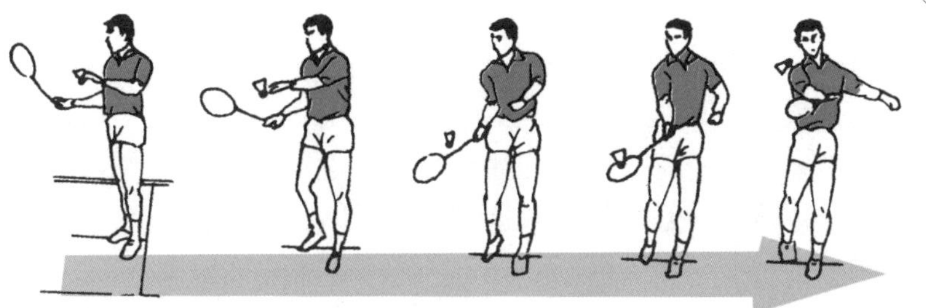

握拍 → 擊球點 → 動作的協調性 → 拍面的控制 → 擊球動作的一致性

（1）握拍

正確、靈活多變的握拍方法，是擊球手法的基礎，握拍要有利於手腕的發力，能控制擊球力量的大小和擊球的飛行方向。

（2）擊球點

要迎擊羽毛球，切記不可等球飛近身體再打。擊中球剎那應是揮拍速度最快的瞬間，擊球發力不能太早或太遲，發力時間與擊球的配合至關重要。

（3）動作的協調性

揮拍擊球時要做到全身動作的協調配合，不僵硬，力量傳遞要連貫且恰到好處，爆發力要強。

（4）拍面的控制

擊出球的飛行方向，是在擊球中的一瞬間由手腕變拍面方向來控制的。

（5）擊球動作的一致性

為增加擊球的戰術效果，在後場擊高、吊、殺、劈，或網前擊推、撲、搓、勾的引拍動作，其揮拍前期動作相仿或一致，可使對方難以判斷，同時也起到假動作的作用。動作的一致性初學者必須從開始就高度重視。

作為一個初學者，甚至一名優秀羽毛球運動員，總會在擊球技術的某些方面存在不同程度的缺陷。而作為一名教練員，就必須對擊球技術的基本環節、基本結構和基本要領的規律有清楚的概念和敏銳的觀察分析能力，這樣才能提高教學品質和效果。例如，一名運動員的殺球力量不大，飛行弧線不陡，那是什麼原因造成的呢？先從擊球技術基本要領中對照，如果握拍太向正拍方向，就會影響手腕的閃動和往下扣壓，造成殺球力量不大和飛行路線太平；也可能是擊球點太低，影響了手臂充分揮動，削弱了殺球力量，並因擊球點太低，也限制了球越過網時的飛行角度，而造成殺球太平。當然還可能有其他原因。總之，在分析、尋找薄弱的擊球技術問題時，要遵循擊球技術的一般規律，看問題要準，訓練手段要有針對性，以達到事半功倍的效果。

3. 擊球技術名稱分類

（1）以擊球點在擊球者身體位置的方向分類

正　拍：用掌心一邊的拍面擊球稱為正拍。

反　拍：用手背一邊的拍面擊球稱為反拍。

頭頂球：擊球者用正拍拍面擊打反手區的上手球，稱為頭頂球。

上手球：擊球點在擊球者肩部以上。

下手球：擊球點在擊球者肩部以下。

正拍擊球
反拍擊球
下手球
頭頂球
上手球

（2）以擊球者擊球時在場上的位置分類

前　場：前發球線附近至球網。

後　場：從端線至場內約1公尺處。

中　場：前、後場區之間的區域。

左、右場區：以發球區的中線為界，分為左、右兩個場區。

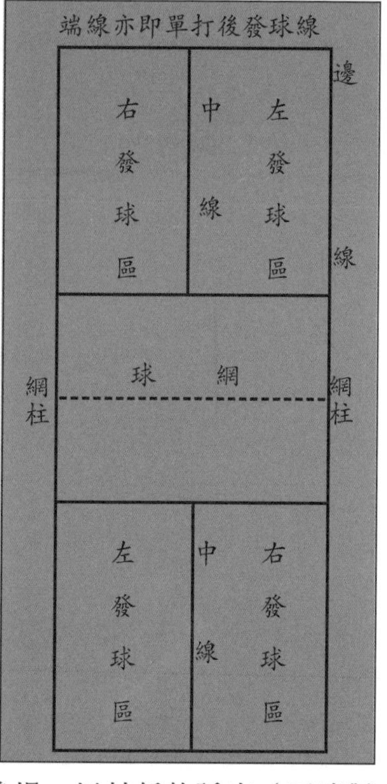

（3）以球的飛行弧線分類

高　球：從場地一邊的後場，以高弧度擊到對方場地後場。

平高球：從場地一邊的後場，以較低的弧度（不讓對方在半途攔截到）擊到對方後場。

平射球：從場地一邊的後場，以較平的弧度擊到對方後場。

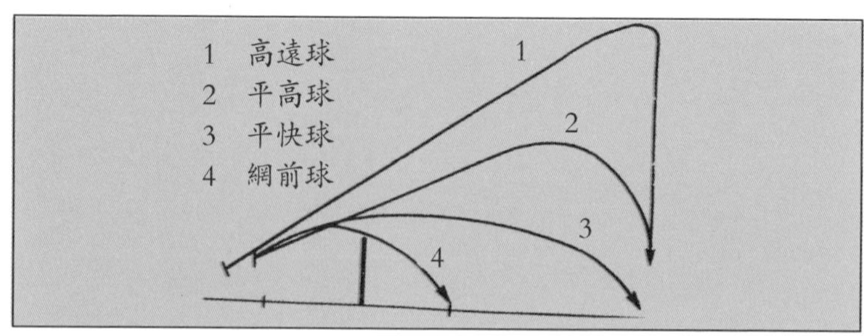

吊　球：從場地一邊的後場，把球以向下飛行的弧線擊到對方近網場區。

殺　球：從場地一邊的中、後場使球快速向下直線飛行到對方場區。

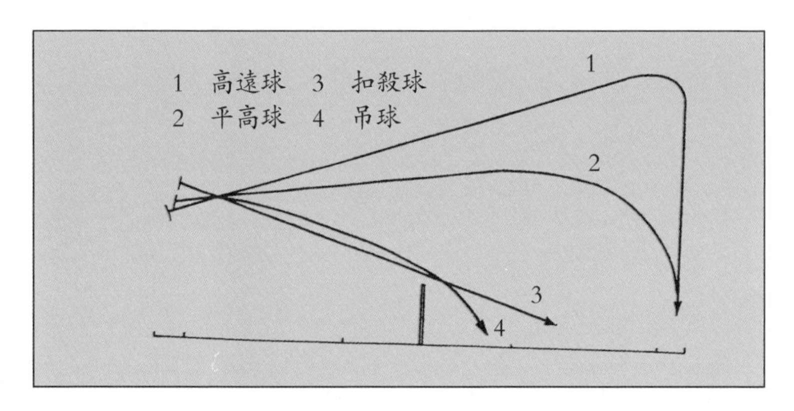

平抽擋：擊球點在擊球員身體的兩側或近身，揮拍動作幅度較大的稱為抽球，揮拍動作幅度較小的稱為擋球，使球以與地面平行或向下飛行的弧線擊到對方場區。

挑高球：把球從前場或中場在低於球網處，向上以較高的弧度擊到對方後場。

推　球：在靠近網的三分之一上部，使球以低平的弧線擊到對方後場區。

放網前球：使球從本方網前擊到對方近網區。

搓　球：用拍面切擊球托，使球帶有旋轉和翻滾飛行過網稱作搓球。

勾　球：在網前使球以對角球路線擊到對方網前。

撲　球：在近網高處把球以快速直線向下擊到對方場區。

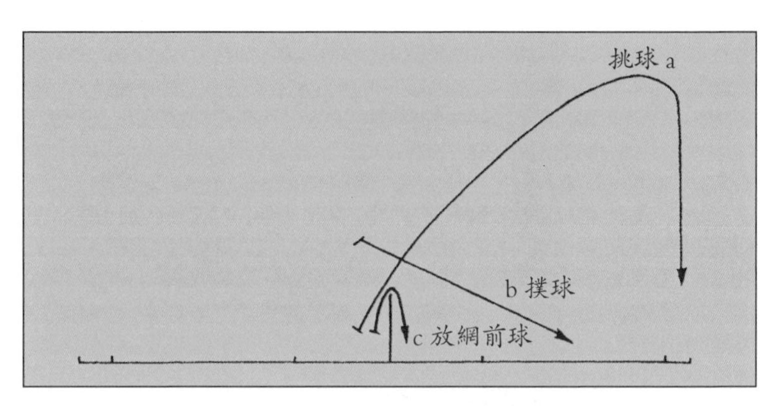

綜合以上的位置和擊出球的形式。如正手殺球、後場正手殺球、頭頂吊球、反手撲球、正手推對角、中場正平抽等等。

過網擊球

「過網擊球」是指在比賽進行中，對方擊來的球尚未過網，即以球拍過網還擊球的違例現象。主裁判員應注意觀察球在網上空的位置，以及球和球拍接觸時擊球點在空間的位置，如果球的某部分已過網，球與球拍的最初擊球點是在擊球者這一邊，則為合法還擊。如球的羽毛已過網，舉拍擊和擊球後球拍隨球過網也均為合法還擊。

過網擊球　　合法擊球　　隨球過網

(二)高手擊球

一般將擊球點高於頭部的擊球，稱為高手擊球。高手擊球按其技術特點和球飛行弧線的不同，可分為；高遠球、平高球、扣殺球和吊球等。它一般在後場用來主動進攻或調動、控制對方，所以也稱後場主動進攻技術。在比賽過程中，後場區域是雙方必爭之地，後場擊球技術在整個羽毛球技術中是極為重要的部分。

擊球點在身體右邊，以正手握拍法用正面（拍面與手掌同一個朝向）擊球的，稱為正手擊球。

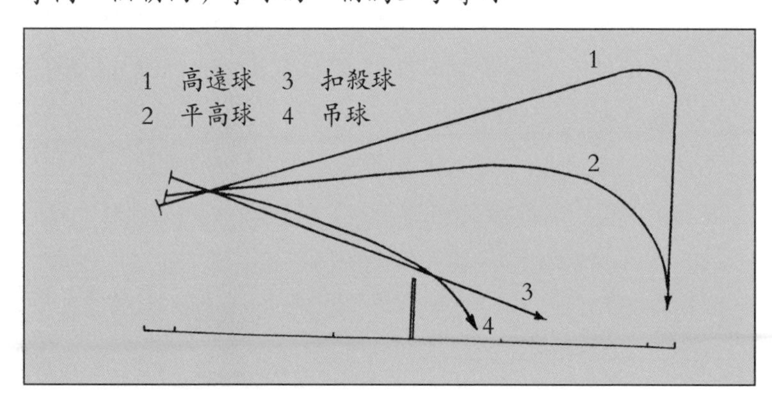

擊球點在頭頂上方，以正手握拍法用正拍面擊球的，稱為頭頂擊球。

擊球點在身體左邊，以反手握拍法用反面（拍面與手背同一個朝向）擊球的，稱為反手擊球。

高手擊球技術要領

●擊球點要高

選準擊球點是提高擊球質量的關鍵。擊球時，要充分利用身高、臂長、拍長和起跳的高度，爭取高點擊球。

●保持動作的一致性

在準備擊球起至擊到球之前的一段過程，要做到技術動作一致。其目的是不過早暴露回球的意圖，以增加對方判斷的難度。

●準確控制力量大小

後場擊球技術動作幅度較大，主要靠力量、速度和控制球的落點制勝對方。因此，需要掌握正確的發力，充分運用身體各部分的力量（包括腰腹力、臂力、腕力和指力）擊球。另外，還要能控制使用力量，以適應吊球時嚴格控制力量的要求。

●準確控制拍面角度

欲擊成直線、對角線和斜線的球路，或高低不同弧線飛行的球，除了力量的因素外，還必須在擊球瞬間通過靈活改變握拍法，運用手腕和手指的協調動作，準確控制拍面角度（包括在擊點上拍面與地面所成的夾角以及拍面與端線所成的夾角）才能完成。

1. 高遠球

擊出高弧線飛行的，幾乎垂直落到對方端線附近場區內的球，稱為高遠球。一般在自己處於被動情況下，為了爭取時間，調整場上位置，爭取變被動為主動時就打出高遠球，以使對方遠離中心位置而退到端線附近去回擊球。如果運用適當，高遠球也能為進攻創造良好條件。

（1）正手高遠球

採用正手握拍法，用正拍面擊出的擊球點在身體右側方的高遠球，稱為正手高遠球。它分原地和起跳正手高遠球兩種。初學者應從原地正手擊高遠球開始，然後過渡到起跳擊球法。

正手高球還可跳起擊球，按上述要求，做好準備動作，然後右腳起跳，隨即在空中轉體，並完成引拍擊球動作，擊球點是在將從空中最高點落下的瞬間。

正手擊高遠球的技術難點：

在手臂自然伸直時，應用「抽鞭」動作把球「彈」出。初學者最難掌握的是：（1）以肩為軸，由大臂帶動前臂，最後「閃」動手腕擊球；（2）擊球的一剎那產生「爆發力」。

首先判斷準確來球的方向和落點，向右後方轉體側身後退，使球處在自己的頭部的前上方的位置，左肩對網，左腳在前，右腳在後，重心在右腳上，左臂屈肘，左手自然高舉，右手揮拍，手臂自然彎曲，將球拍舉在右肩上方，手腕、拍面稍內旋，兩眼注視來球。

擊球時，上臂後引，肘關節上提，將球拍後引至頭部，自然伸腕（拳心朝上），然後在後腳蹬地、轉體收腹的協調用力下，以肩為軸，上臂帶動前臂快速向前上方甩腕，在手臂伸直的最高點擊球。

擊球後，持拍手臂順慣性往前下方揮動並收拍至體前，與此同時，左腳後撤，右腳向前邁出，身體重心由後腳移到前腳上。

(2) 反手高遠球

首先判斷好對方來球的方向和落點，迅速將身體轉向後方。移動步法，最後一步用右腳交叉跨到左側底線，背對網，身體重心在右腳上，使球處在身體右上方。

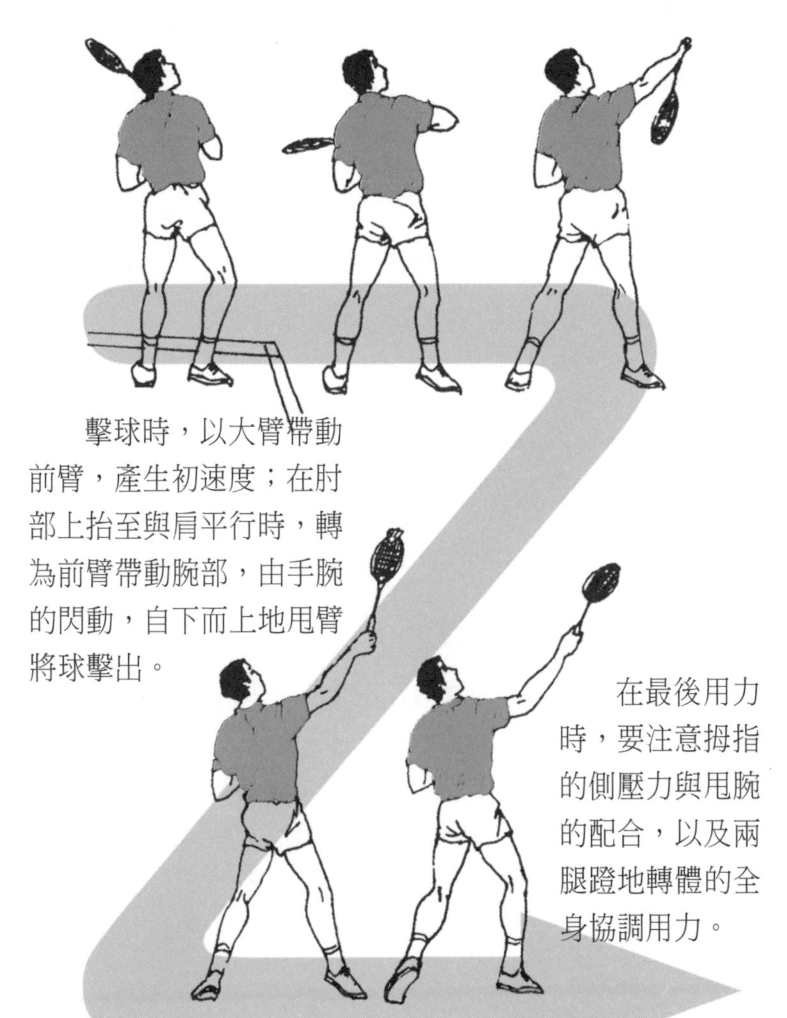

擊球時，以大臂帶動前臂，產生初速度；在肘部上抬至與肩平行時，轉為前臂帶動腕部，由手腕的閃動，自下而上地甩臂將球擊出。

在最後用力時，要注意拇指的側壓力與甩腕的配合，以及兩腿蹬地轉體的全身協調用力。

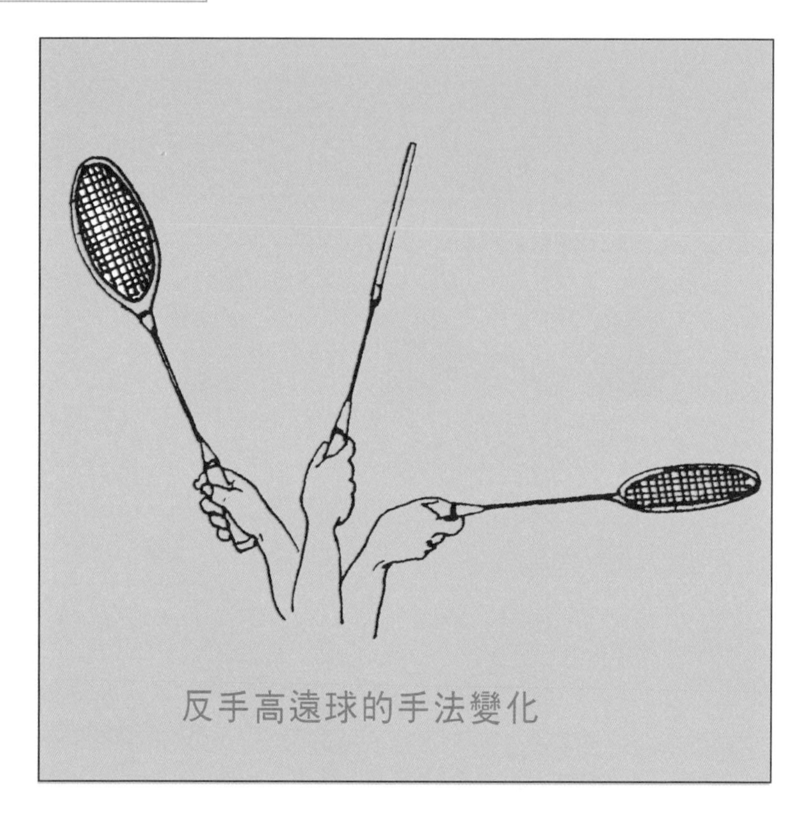

反手高遠球的手法變化

（3）頭頂高遠球

如果對方打過來的球飛往後場區，那麼，擊球點應選擇在頭頂上方的部位。這就是頭頂高遠球。

頭頂高遠球的動作要領與正手高球基本相同，只是擊球點偏左肩上方。準備擊球時，身體偏左傾斜。擊球時，上臂帶動前臂使球拍繞過頭頂，從左上方向前加速揮動，注意發揮手腕的爆發力擊球。落地時左腿向左後方擺幅較大些。

頭頂擊對角高球，握拍手法略有不同，用拇指和食指向左捻動拍柄，使虎口對準拍靠外的小棱邊，球拍仍由右後繞過頭頂，小臂向左前方內旋帶動手腕屈收發力，形成鞭擊，擊球托的左後部。擊球後，小臂內旋較明顯，慣性作用小，手臂自然往前擺動。

準備擊球時，身體偏左傾斜。

為了便於發力，擊球前上體稍含胸並後仰。

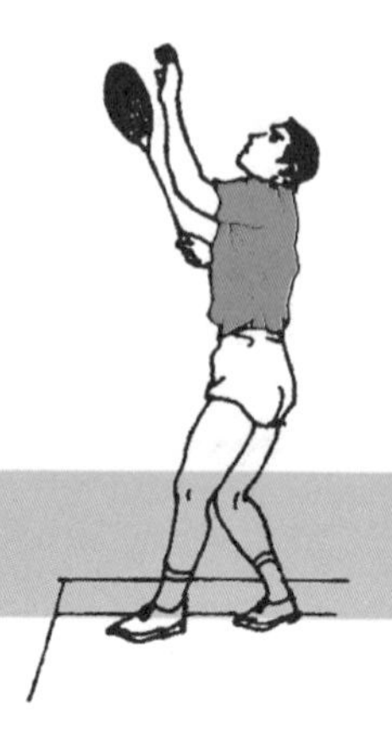

擊球時，前臂向前上方由內旋帶動手腕突然回收發力揮拍形成鞭打，擊球托的後部，擊球過網。

擊球後，小臂內旋較明顯，慣性作用小，手臂自然往前擺動。

右上臂向上抬，球拍由右繞過頭頂。
擊球點應選擇在頭頂上方的部位。

落地時左腿向
左後方擺幅較大。

2. 平高球

擊出飛行弧線比高遠球低，但對方舉拍又攔截不到，落點在對方端線附近場區內的球，稱為平高球。平高球技術是從高遠球技術發展而來的，提高了移動速度，改革了擊球手法，加大了揮拍擊球時的爆發力和球的飛行速度。

平高球是屬於後場快速進攻的主要技術之一，它是比賽中控制與反控制，直接進攻或主動過渡以創造進攻機會的有效手段。在比賽中，通常運用平高球控制對方後場底線兩角，迫使對方在匆忙後退中回擊球。如果對方移動步法較慢，反控制能力較差，則回球質量差，就會有機可乘。

擊平高球的方法與擊高遠球的方法是基本一致的，它們的技術特點和要求的區別在於：

（1）在擊球點上的拍面仰角小於擊高遠球時的拍面仰角（拍面仰角的大小是決定出球弧線的關鍵）。

（2）要善於控制球的飛行弧線和落點，擊出去的平高球的高度，要根據對方的身材高矮與彈跳能力，準確控制高度（應不讓對方在中場位置上起跳攔截為準）。同時還

要考慮到球的輕重、快慢、風速、風向等因素的影響，準確控制力量，才能使落點準確。

3. 吊　球

吊球是自後場打到對方前場向下墜落的球。吊球技術分為正手、反手和頭頂三種手法，按球的飛行弧線和擊球動作的不同分為劈吊、攔截吊和輕吊。

劈吊擊球前動作和打高球、殺球相似。擊球時用力較輕，帶有劈切動作，落點一般離網較遠；攔截吊是把對方擊來的平高球攔截回去，擊球時用拍面正對來球，輕輕攔切或點擊，使球以較平的弧線、較慢的速度越網垂直下墜；輕吊擊球前動作和打高球相似，擊球時拍面正對來球，在觸球的剎那，突然減速或輕切來球，使球剛一過網即下墜。

（1）正手吊球

擊球準備和前期動作同正手高遠球，只是擊球時擊球點比擊高遠球稍前，拍面正向內傾斜，手指、手腕發力，做快速切削壓動作，擊球托的後部和側後部。若吊斜線則球拍切削球托的右側並向左下方發力；若吊直線，則拍面正對前方向前下方切削。

正手吊球易犯錯誤：

- 採用正拍面擊球。
- 擊球時降低擊球點，動作放慢，球速放慢。
- 採用堅直或上仰的拍面擊球。
- 發力時沒有手指、手腕動作，動作僵硬。

（2）反手吊球

擊球準備和前期動作同反手高球，不同點在於擊球時拍面的掌握和力量的運用以及握拍的方法。吊直線時，用球拍反面切削球托的後中部，向對方的右半場網前發力；吊斜線時，用球拍反面切削球托的左側，朝對方左半場網前發力。

反手吊球

(3) 頭頂吊球

擊球準備和前期動作同頭頂高球，不同之處是擊球點要比頭頂高球稍靠前些。頭頂吊斜線球時，中指、無名指、小指屈指外拉拍柄，拇指、食指捻動發力，以斜拍面擊球托左側部位。頭頂吊直線，球拍擊球托的正中部位。

4.殺　球

殺球是把對方擊來的球在儘量高的擊球點上斜壓下去。這種球力量大，弧線直、落地快，給對方的威脅很大，它是進攻的主要技術。殺球分為正手殺直線和對角線球、反手殺直線、頭頂殺直線和對角線球、正手騰空突擊殺直線。

（1）正手殺直線球（側身起跳）

準備姿勢和動作要領與正手擊高球大體相同。步子到位後，屈膝下降重心，準備起跳。側身起跳時，往右上方提肩帶動上臂、前臂和球拍上舉，以便向上伸展身體。起跳後，身體後仰挺胸成反弓形。接著右上臂往右後上擺起，前臂自然後擺，手腕後伸，前臂帶動球拍由上往後下揮動，這時握拍要鬆。隨後凌空轉體收腹帶動右上臂往右上擺起，肘部領先，前臂全速往前上揮動，帶動球拍高速前揮。當擊球點在肩的前上方時，前臂內旋，腕前屈微收，閃腕發力殺球。這時手指要突然抓緊拍柄，把手腕的爆發力集中到擊球點上。球拍和擊球方向水平面的夾角小於90度，球拍正面擊球托的後部，使球直線下行。殺球後，前臂隨慣性往體前收。在回位過程中將球拍回收至胸前。

（2）正手殺對角線球（側身起跳）

準備姿勢和動作要領與正手殺直線球相同。不同點是起跳後身體向左前方轉動用力，協助手臂向對角線方向擊球。

左手自然上舉，頭抬起來注視來球，右手持拍於體側。

屈膝下降重心，準備起跳。

正手殺球

腰腹帶動大臂，大臂帶動小臂，小臂帶動手腕。

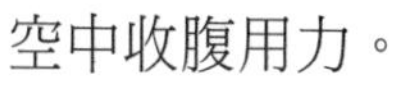

起跳時右臂後引，上體舒展開。

空中收腹用力。

殺球後前臂慣性前收，形成鞭擊。

用力揮拍擊球。

（3）反手殺球

在移動過程中，由正手握拍改成反手握拍，動作要領基本同反手高球，只是在最後發力時，握緊拍子快速閃腕（外旋和後伸），揮拍殺球擊球托的後部。擊球瞬間球拍與殺球方向的水平面夾角小於 90 度。

（4）頭頂殺球

頭頂殺線的動作要領和準備姿勢與頭頂擊高球相同。不同點是揮拍擊球時，要集中全力直線方向或對角方向下壓，球拍面和擊球方向水平面的夾角小於90度。

頭頂殺對角線球

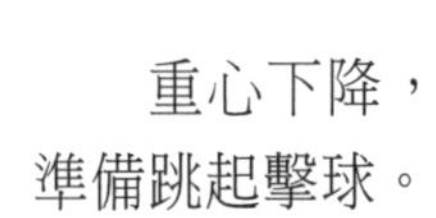

重心下降，
準備跳起擊球。

左手自然上舉，
右手持拍於體側，抬
頭注視球。

注視來球，
判斷好落點。

全力向前下方擊球，球拍面和擊球方向水平面的夾角小於90度。

（5）正手騰空突擊殺直線球

起跳後，身體向右後方騰起，上身右後仰成反弓形，右臂右上抬，肩儘量後拉。

側身，左腳後退一步，準備起跳。

擊球時，前臂全速往上擺起，手腕從後伸經前臂內旋至屈收，同時握緊球拍壓腕產生爆發力，高速向前下擊球。

突擊扣殺後，右腳在右側著地屈膝緩衝，重心在右腳前；右腳在左側前著地，利用左腳蹬地向中心位置回動，手臂隨慣性自然往體前回收。

(三)低手擊球

擊球點低於頭部高度的擊球，稱為低手擊球。低手擊球技術主要有：半蹲快打（這是介於高手擊球與低手擊球之間的一種特殊打法，我們暫且歸到低手擊球一類）、接殺球和抽球。半蹲快打和接殺球主要用於中場區，由於中場區是攻防轉換的主要區域，雙方的距離接近，球在空中滯留的時間也縮短了，因此，中場擊球技術要求揮拍預擺幅度小，突出體現一個「快」字，做到快打。抽球在中場或後場都有應用，在後場，抽球主要對付對方的長殺，以及對方壓底線兩角時作為反控制的手段。

球星英姿

低手擊球與高手擊球的動作對比

1. 半蹲快打

在中場區，對方打過來約肩以上至略高於頭部之間的平快球，採用半蹲姿勢，爭取在較高的部位上快速地平擊回去，稱為半蹲快打。半蹲快打技術表現出快速、兇狠、緊逼對方，主動進攻的特色，它多用於雙打比賽中。

在中場，兩腳平行站立或右腳稍前站均可，兩膝彎曲成半蹲，屈肘（用正手握拍法）舉拍於肩上。擊球時，以前臂帶動手腕快速揮拍，爭取在身前較高部位上平擊過去。要求反應敏捷、果斷，控制好拍面角度，揮拍幅度小，快而有力。

半蹲頭頂擊球

半蹲右側擊球

半蹲正面擊球

半蹲快打常見錯誤及糾正方法：

●**常見錯誤：**擊球點在體後，造成出球無力。

●**糾正方法：**（1）進一步明確擊球點應在體前的概念及其目的。（2）準備姿勢的持拍應略抬高，拍框應翹起，有利加快舉拍擊球。（3）多練以肘為軸，以前臂帶動手腕作小幅度快速揮拍練習（不要做以肩為軸的大幅度揮拍），這樣有利於捕捉擊球時機。（4）多做連續揮拍練習，或多球半蹲快打練習，打完前一拍之後，立刻準備打第二拍，提高反應速度。

2. 接殺球

把對方扣殺過來的球還擊回去，稱為接殺球。接殺球一般較多採用擋球、抽球和推球的技術。接殺球是防守技術，但只要反應快，判斷準，手法嫻熟，回球的落點和線路運用得當，在防守中體現出快的精神，就往往能創造由守轉攻的條件。

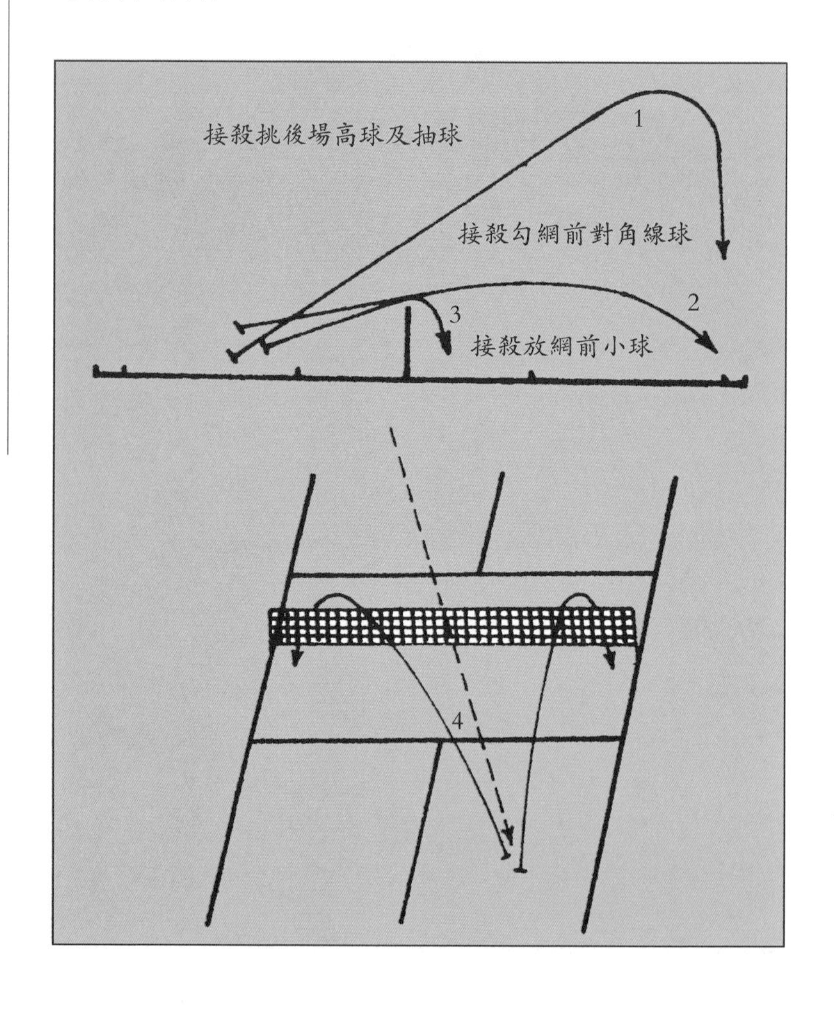

（1）擋　球

兩腳屈膝平行站立，兩眼注視殺過來的球。

身體右側的來球用正手擋球，身體重心移向右腳（如果球離身體較遠，可右腳先向右跨出一步，重心移向右腳），右臂向右側伸出，放鬆握拍，拍面略後仰對準來球，將球擋回對方網前區。

身體左側的來球反手擋球，身體重心移向左腳（如果球離身體較遠，可左腳向左移一步，重心移到左腳上；如果球離身體更遠，可以左腳為軸，右腳經左腳前往左方跨出一步，成背對網姿勢），右臂向左側伸去，放鬆握拍，反拍面略後仰對準來球，將球擋回對方網前區。

接殺自己身邊的球，叫接殺近身球。如果是右側近身球，只需身體向左略躲閃用正手將球擋回。如果是左側或正對身體的球，一般都採用反手將球擋回。

一經判定對方殺球的路線和落點，就要快速起動，稍有遲緩，就會接殺失誤。由於殺球力量大，球速快，一般只需將球拍擋住球（或拍觸球的一剎那稍加提拉，或向下切）即可，主要借來球的力量反彈回去。運用手指控制拍面角度，將拍面對準出球方向（擋直線球）拍面正對網。擋對角線球，拍面斜對網。

（2）抽　球

抽平球是一種比較積極的接殺球方法，由於它速度快，只要回球路線掌握好，就會有相當的反攻威力。根據

比賽的實際情況，可以採用抽平球，也可以抽高遠球。用抽高遠球的方法接殺球，其目的是把對方牽制在後場，待殺球質量較差時進行反擊。

用於接殺球的抽球方法與擋球的方法相似，區別在於：抽球時，先有一個向後引拍（後引的幅度要小）的預擺動作，握緊球拍，然後以前臂為主，帶動手腕向前上方急速揮拍抽球。如果抽平球，揮拍時略帶向上提拉即可。如果抽高遠球，觸球時拍面較後仰，應有較明顯的提拉動作。

（3）推　球

當對方殺球無力或球過網較高時，可以推球回擊，將球推向後場兩角，也可視情況推向中場兩側。其方法與擋球方法類似，不同處是：推球在拍觸球前的瞬間要握緊拍子，以前臂和手腕的發力為主向前上方「甩」腕。正手推球時，腕部由伸腕經前臂內旋至屈腕；反手推球時，腕部由展腕經前臂稍外旋至收腕。

3. 抽　球

將低於頭部的球用抽擊的方法還擊，稱為抽球。比賽

時，運動員應儘量快速移動到位，爭取用高手擊球。只有在不得已的情況下才採用抽球，抽球是一種反控制的主要技術之一。在中場區的平抽球，由於距離網近，球速快，有一定的進攻力，在雙打中運用較多。

抽球分正手抽球和反手抽球兩種。抽球時，只要掌握好發力方向和調整好拍面的角度，即可把球回擊成高遠球、平高球、平快球和抽吊網前球。

（1）正手抽球方法

右側場區的低球，用正拍面抽擊球，稱為正手抽球。正手抽球的方法：當對方擊來右後場低球時，快步向右後場移動到適當的位置上，最後一步以右腳向球下落的方向跨去，側身對網，上身向右後傾，重心在右腳上。用正手握拍法，右臂屈肘舉拍於右肩上方，當右腳跨步著地的同時，主要靠前臂帶動腕部作「抽鞭式」的閃動揮拍，將球抽向對方。抽球後，即以右腳蹬地，向中心位置回動。

（2）反手抽球方法

在左側場區的低球，用反拍面抽擊球，稱為反手抽球。

當對方擊來左後場的低球時，轉身快步向左後場移動到適當的位置上（在移動的過程中，由正手握拍法轉換成反手握拍法），最後一步以右腳向球下落的方向跨去，背對網，重心落在右腳上，右臂屈肘舉拍於左肩上方。擊球時，以軀幹為豎軸，上臂帶動前臂做向後的半圓形揮拍，在手臂近乎伸直時，手腕用力向後方閃動揮拍擊球。球擊出後，即右腳蹬地，轉向向中心位置回動。

準備擊球前，兩腳平行站立稍寬於肩。右腳稍向右側邁出一小步，同時上體稍往右側傾，右臂向右側擺，球拍上舉，肘關節保持一定角度。

當來球過網，肘關節擺，小臂稍往後帶外旋，手腕稍外展至後伸，引拍至體後。

正手抽球

擊球時小臂內旋，手腕伸直閃動，手指抓緊拍柄，球拍由右後往右前方高速平掃來球。

擊球後，球拍順勢蓋過去向左邊擺，左腳往左前跟進一步，準備迎擊下一個來球。

反手抽球

擊球後，球拍隨身體的回動收到右側前。

右腳前交叉在側前，重心在左腳上，右手反手握拍在左側前。當球過網時，肘部稍上抬，小臂內旋，手腕外展，引拍至左側。

擊球時，左腳蹬地，髖關節右轉，帶動小臂外旋，手腕由外展到伸直閃動，揮拍擊球托的底部。

接殺球常見錯誤及糾正方法：

常見錯誤：（1）反應慢，接不到球。（2）接殺球不過網。

糾正方法：（1）要訓練良好的接殺球準備姿勢，做到屈膝提踵。低重心的靈活站位姿勢，有利於起動。（2）陪練者殺多球，練習者作接殺球練習，以訓練其反應速度和判斷能力。（3）握拍要靈活，在觸球時，應以手指控制使拍面後仰一些。（4）適當增加向前上方提拉的力量。

(四)網前擊球

網前擊球技術包括：放網前球、搓球、挑球、推球、鉤球和撲球等。當代羽毛球運動向快速、全面、進攻的方向發展，從場區的角度來講，後場、中場固然重要，而前場也越來越成了雙方力圖取勝必須要展開攻守爭奪的重要場區。如果運動員的前場技術不好，對方專攻前場，就會很被動，

網前反手推球

即使有很好的後場技術也就不易發揮。如果前場技術佔優勢，就可以由前場技術為中場、後場的進攻創造機會，使前後場技術密切銜接，融匯一體，有利於取得全場的主動權。因此，前場技術已成為當代羽毛球技術十分重要的組成部分。

一般講，後場擊球技術動作大，所需力量也大，主要靠力量、速度和控制球的落點取勝。而前場擊球技術動作小，所需力量也較小，特別要講究細膩的技巧，以巧取勝。

要想把前場球打好首先要有快速、合理的上網步法為基礎，只有快速到位，爭取從網的較高部位擊球，才能給對方更大的威脅。

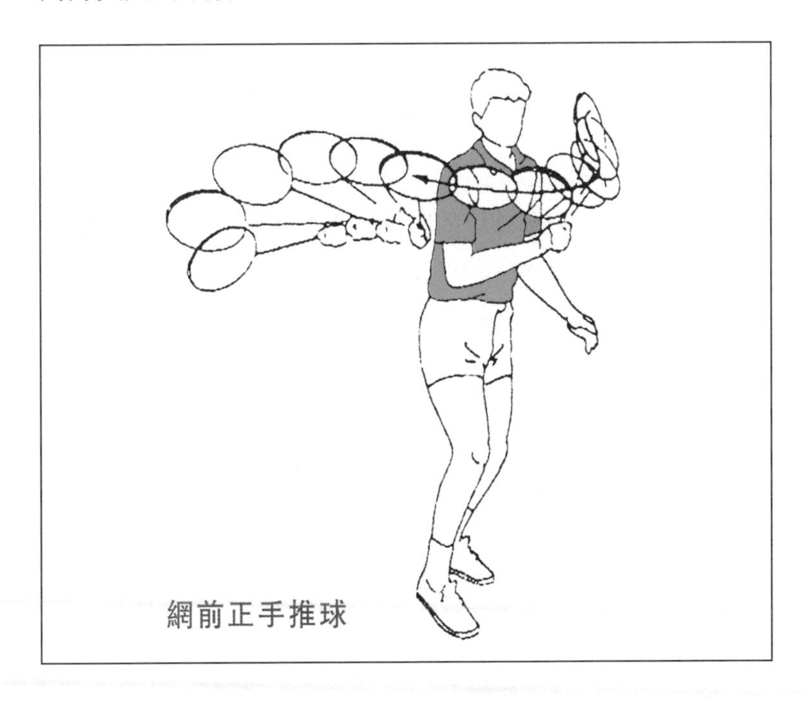
網前正手推球

1. 放網前球

當對方擊來網前球，網球拍輕輕一托，將球向上彈起恰好一過網就朝下墜落，稱為放網前球。放網前球往往是運動員沒有能及時趕到較高位置上擊球而被動使用的，但質量高的放網前球（弧線低、貼網墜落）也可以扭轉被動局面。

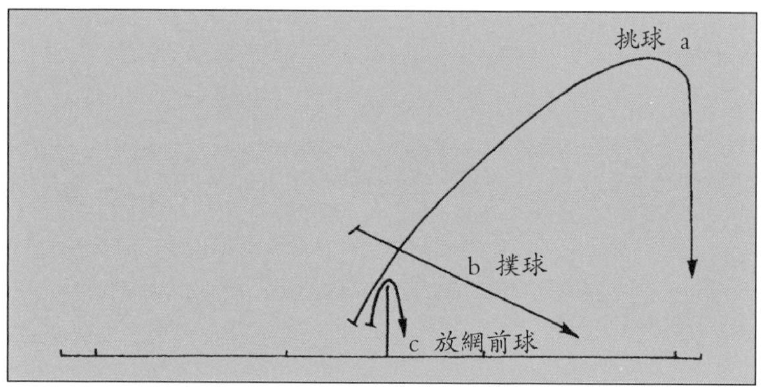

正手放網前球，當球向右前場區飛來時，側身向球的方向移動，最後一步用左腳後蹬，右腳向前跨的同時，上體前傾，向前伸臂伸拍（這時左臂也應張開），當腳跨步著地的時候，也是球拍擊到球的時候。觸球時，正拍面朝上墊在球托的底部，主要靠手腕控制球拍向前上方輕輕一托，使球越網而過。當球向左前場飛來時，用反手放網前線，其方法與正手放網前球相似，不同點是，應先向左前場轉體，向球的方向跨步，並及時轉換成反手握拍法，用反手擊球。

放網前球的關鍵在於嚴格控制托球的力量，托球的力量過大，球過網太高易被對方撲擊。

揮拍的力量、速度和拍面角度的大小，主要取決於來球離網的遠近和速度的快慢。來球離網遠，速度快些，則放球時的力量要大些，反之則力量小些。

正手放網前球

正手放網前球時，側對球網，右腿跨成弓箭步，重心放在右腳，正手握拍，做好放網前球準備。

當球來至網前，球拍隨著小臂向右前上方斜舉，在球拍舉至最高點時，小臂開始外旋轉動，手腕稍後伸，左臂自然後伸。

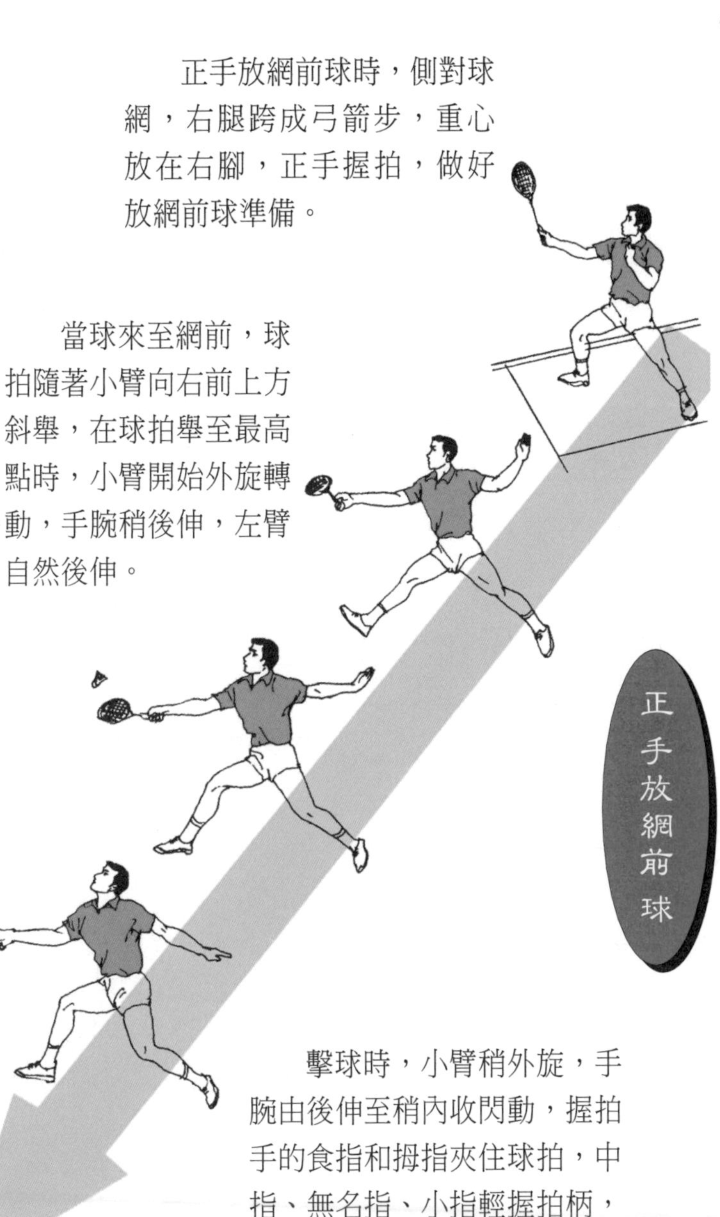

擊球時，小臂稍外旋，手腕由後伸至稍內收閃動，握拍手的食指和拇指夾住球拍，中指、無名指、小指輕握拍柄，輕擊球托把球輕送過網。

2. 搓　球

在網前用球拍切擊球托，使球旋轉翻滾越過網頂的擊球技術，稱為搓球。搓球時，由於運用「搓」、「切」等動作摩擦球托的不同部位，使球在越過網頂時的軌跡異常，給對方回擊造成困難，從而創造了進攻的機會。搓球是一種從一般放網前球技術基礎上發展起來的富有進攻性的放網技術。

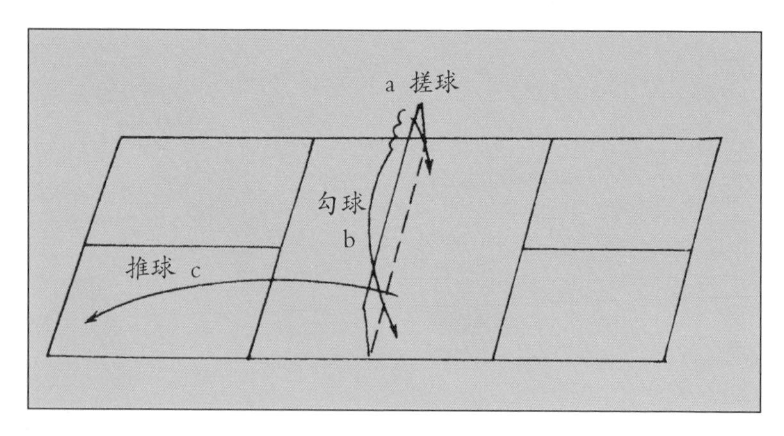

搓球的技術關鍵：

●應爭取較高的擊球點，搓擊時出手要快。

●根據球離網的遠近，運用手指靈活控制好球的角度和控制好擊球的力量。擊球點離網較遠時，球拍後仰的程度應適當小一些。切擊球托時，應有足夠的向前的力，否則容易造成球不過網；擊球點離網較近時，球拍後仰的程度要大一些。切擊球托時，以切削為主，力量也較小。

(1) 正手搓球

側身對右邊網前，正手握拍。球拍隨著前臂伸向右前上方斜舉。當球拍舉至最高點時，前臂向外旋轉，手腕由後伸至稍內收閃動，握拍手的食指和拇指夾住拍，中指、無名指和小指輕握拍柄，使球拍在手腕和手指的揮擺用力下，搓擊來球的右下底部，使球旋翻滾過網。揮拍力量、速度和拍面角度的大小，主要取決於來球時離網的遠近和速度的快慢。

擊球前，小臂外旋，手腕由後伸至稍內收閃動。

擊球時在正手放網前球動作的基礎上，加快揮拍速度，搓切來球的右下底部，使球旋翻滾過網。

正手搓球

（2）反手搓球

前臂稍往上舉的同時，手腕前屈，手背約與網同高，而拍面低於網頂，反拍面迎球，搓球時主要靠前臂的前伸外旋和手腕由內收並外展的合力，搓球的右側後底部使球側旋滾動過網。

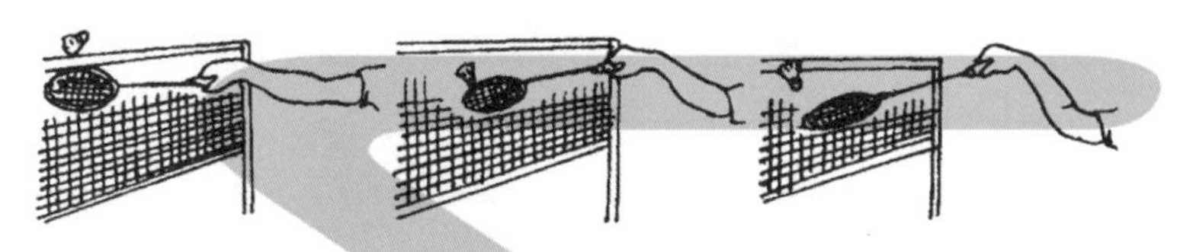

擊球前，小臂前伸外旋，手腕由內收至外展。

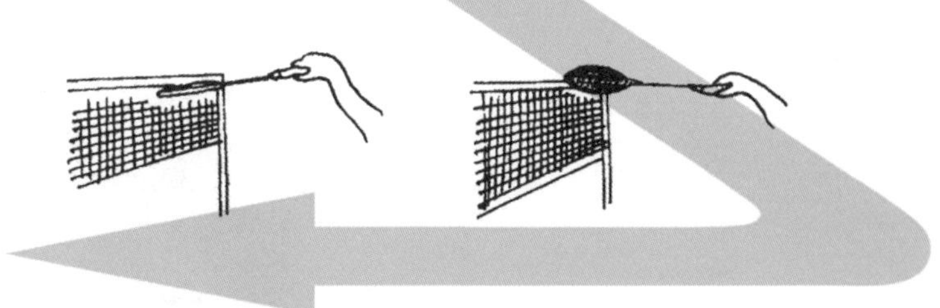

搓擊球的右側後底部，使球側旋滾動過網。另外還可以小臂稍伸直，手腕由外展到內收，帶動球拍向前切送，擊球托的後底部，使球下旋滾動過網。

反手搓球易犯錯誤：

- 握拍太緊，動作僵硬，不是搓球而是將球彈出。
- 動作過大，用前臂砍、切球。
- 搓球部位不正確，球不旋轉。
- 握拍時手心沒有空出，擊球時沒有捻動動作。

3. 挑　球

把對方擊來的網前球，挑高回擊到對方後場去，稱為挑高球。這是一種處於較被動的情況下的回擊方法，把球挑得高，挑向對方後場以贏得時間重新調整好身體重心與場上位置，準備下一次擊球。

正手網前挑球

以肘關節為軸，屈臂內旋，並握緊球拍，用食指及手腕的力量，從右下向右前方至左上方揮拍擊球，將球向前上方擊出。若球拍向右前上方揮動，挑出的是直線高球；若球拍向左前方揮動，挑出的則是對角高球。

準備動作同正手放網動作。正手握拍舉在胸前。擊球前前臂充分外旋，手腕儘量後伸。

右腳向網前跨出一大步，左腳在後，側身向網，重心在右腳上。同時右臂向後擺，自然伸腕，使球拍後引。

挑球的技術關鍵：

- 要根據球離網的遠近適當調整拍面角度和用力方向。
- 要有向前上方挑球的爆發力。

反手網前挑球

右腳向左前方跨出一大步，重心放在右腳上。同時右肩向網，屈肘引拍至左肩旁。

準備姿勢同反手放網動作。反手握拍舉在胸前。擊球前右臂往後拉抬肘引拍。

以肘關節為軸，握拍經體前由下往上，用拇指第一指節壓住拍柄的寬面，用力將球擊出。擊球時前臂充分內旋，手腕由屈至後伸閃動揮拍擊球。若球拍自左下向左前上方揮動，則球向直線方向飛行；若球拍由左下向右前上方揮動，則球向對角線方向飛行。

4. 推　球

在網前較高的擊球點上，用推擊的方法往對方底線擊出弧度較平，速度較快的球，稱為推球。由於擊球點到過網的距離很短，球又平直快速，再加上控制好落點，所以，推球很有進攻性。

推球技術的關鍵：

●擊球點要高並控制好拍面角度。如果球已落在網沿以下，就要使拍面略後仰，若球已落得很低了，則不宜用推球。

●拍的預擺幅度要小，發力要短促快速。

球星英姿

推球易犯錯誤：

●握拍太死，完全用小臂手腕發力，導致動作過大。

●擊球點太低，推球的弧線太高，或下網。

●球拍子後擺過大，如同挑球、拋球動作。

正手推球

站在右網前，球拍向右側前上舉。

在肘關節微屈回收時，前臂稍外旋，手腕稍向後側，球拍也隨之往右下後擺，拍面正對來球。

這時，小指和無名指稍鬆開，使拍柄稍離開魚際肌，拇指和食指向外捻動拍柄，拍面更為後仰。

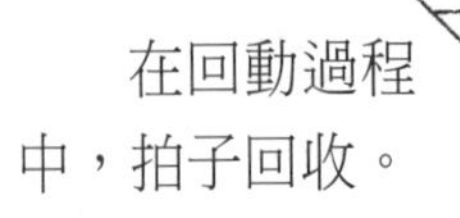

在回動過程中，拍子回收。

推球時，身體稍往前移，右前臂往前伸並帶內旋，手腕和手指控制拍面角度，手腕由後伸至伸直並閃腕，食指向前壓，小指和無名指突然握緊拍柄，拍子急速地由右經前上至左揮動推球，使球沿邊線飛向對方後場底角。

反手推對角線

站在左網前，反手握拍，前臂往前上方伸舉。

在前臂稍向左胸前收引，肘關節微屈，手腕外展時，變成反手推球的握拍法，球拍鬆握，反拍面迎球。

當前臂前伸並帶外旋，手腕由外展到伸直閃腕，中指、無名指和小指突然握緊拍柄，拇指頂壓，往右前方揮拍時，推擊球托的左側後部，使球沿對角線方向飛行。

擊球後，手臂回收，恢復擊球前的準備姿勢。

5. 勾　球

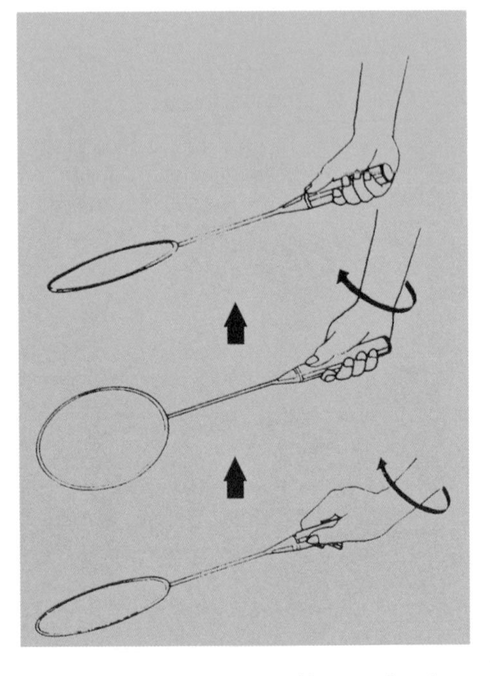

在網前，用屈腕（或伸腕）的動作調整球拍角度，輕巧地將球回擊到對方斜對角的網前區內，稱為勾球。

勾球是一種技巧性較高的技術，它與搓球、推球等交替運用，常能達到聲東擊西的戰術效果。

勾球可分為正手勾球和反手勾球兩種。擊球者將球從網前的一點勾到對方場區的另一個點，球斜著飛越網頂，並要求控制球貼網而過。

勾球的技術關鍵：

●伸腕（或屈腕）動作要突然、短小、快速，使拍面對著出球方向。

勾球時的發力，主要是前臂動作、手腕和手指的力量，用力要適當。手腕還要控制好拍面角度。勾球時，要根據擊球點的高低，靈活握拍，方能隨球應變。

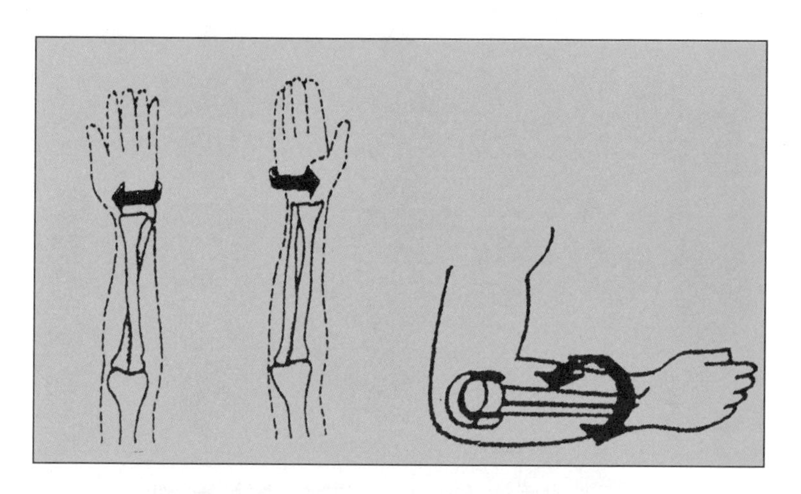

球星英姿

球拍隨前臂往右前方斜上舉。在前臂前伸時稍有外旋，手腕微後伸，握拍手將拍柄稍向外捻動，使拇指貼在拍柄的寬面上，食指的第二指關節貼在拍柄背面的寬面上，拍柄不觸掌心。

正手勾角球

擊球時，靠前臂稍有內旋往左拉收，手腕由稍後伸至內收閃腕，揮拍撥擊球托的右側下部，使球向對方網前掠網墜落。撥擊球時，手腕要控制拍面角度。

擊球後，球拍回收至右肩前。

用併步加蹬跨步上右網前。

球拍隨著向右側前揮動，拍面朝著對方右網前。

腳步前移，球拍隨手臂下沉，由反手握拍變成反手勾球的握拍法，用拍面正對來球。

站在左網前，反手握拍，當來球飛過網時，隨著小臂前伸拍子平舉。

在球過網下落的一瞬間，肘部突然下沉，同時前臂稍外旋，手腕由稍屈至後伸閃腕，拇指內側和中指把拍柄往右側一拉，其他手指突然握緊拍柄，撥擊球托的左側後部，使球沿對角線飛越過網。

擊球後，球拍往右側前回收。

勾球動作常見錯誤：

●手臂前伸引拍動作僵直，導致動作僵硬，無法控制勾球的角度和輕重力量。

●過於強調手指手腕的動作，而忽視了手臂的帶動回收作用，很容易造成失誤。

●引拍動作前臂和手腕沒有外旋（或內旋，反手勾球時用）動作，易被對方識破動作出手意圖，達不到推、搓、勾球動作的一致性和動作的突變性。

被動勾球的技術關鍵：

被動勾球一般採用墊步加跨大步上網的步法，手上的動作基本與主動勾球動作一致。但有兩點值得注意：

（1）因為是被動球，擊球點比較低，要求手上要控制好球飛行的弧度和角度，精確度要好。

（2）被動中處理勾球，要求手法和步法既要精細又要果斷，難度很大，因此，這種技術要擇時而用，如技術和時機都把握得很好，必有出其不意的效果。

6. 撲　球

對方擊來的網前球剛過網，高度仍在網沿上面時，即迅速上網揮擊下壓過去，稱為撲球。由於撲球速度快，飛行的路線又短，往往使對方來不及挽救，所以是威力最大的進攻技術。

撲球分正手撲球與反手撲球，其路線有直線、對角線和撲隨身球三種。

撲球的技術關鍵：

●撲球的關鍵在於「快」。首先取決於判斷快，一經作出判斷，即要求起動快，並採用蹬跨步或跳步上網，同時出手快，抓住來球在網頂的最高點的機會出手，以迅雷不及掩耳之勢，一拍解決戰鬥。

●一定要在高於網的部位擊球。

●主要以前臂帶動手腕閃擊，動作小而快，擊球時拍面要前傾。

撲球動作的常見錯誤：

●動作太大，揮拍時間長，因而不能及時把握時機，並且易出現觸網犯規現象。

●手腕沒有閃動動作，使球缺少向下的飛行趨勢，容易造成底線出界。

●顧手不顧腳。撲球動作向前慣性大，初學者往往只注意手上的動作，而忽視了撲球後的腿上緩衝動作，因而容易造成犯規。

看到來球較高時，左腳先蹬離地面。

身體騰空躍起，在右腳蹬跨的同時，前臂往前上方舉起，球拍正對來球方向。

蹬跳後，身體凌空躍起，小臂往前上伸，稍外旋，腕關節後伸，同時虎口對著拍柄的寬面，小指和無名指稍鬆開，使拍柄離開掌心。

正手撲球

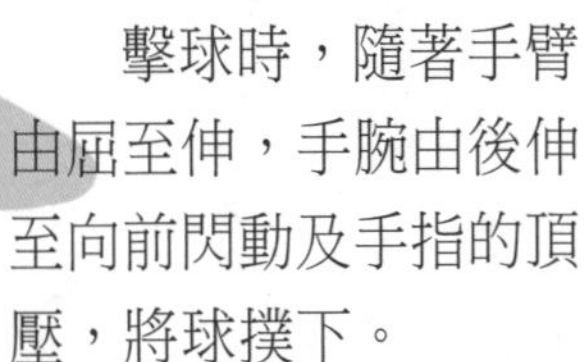

擊球時，隨著手臂由屈至伸，手腕由後伸至向前閃動及手指的頂壓，將球撲下。

手腕是控制力量的關鍵，揮拍距離短，動作小，爆發力強，撲擊的球才會具有一定威脅。如果球離網頂較近，就採用「滑動式」撲球方式，用手腕從右向左將球摸壓下去，這樣可以避免球拍觸網犯規。

撲球後，球拍隨手臂往右側前下回收，同時注意腿上的緩衝，控制重心，以免身體觸網。

反手撲球

身體右側前傾，反手握拍舉於左前上方。

當身體向左前方躍起時，球拍隨著小臂前伸而前舉，手腕外展，拇指頂壓在拍柄的寬面上，食指和其他三指併攏，拍面正對來球。

擊球時，前臂伸直外旋帶動手腕內收至外展，拇指頂壓加速揮拍撲球。若來球靠近網頂，手腕可外展由左向右拉切擊球，以免觸網。

擊球後，右腳著地屈膝緩衝，回收球拍於體前。

第3章 羽毛球基本步法

一、步法技術分析
二、上網步法
三、後退步法
四、兩側移動步法
五、前後連貫步法
六、被動步法

一、步法技術分析

步法是羽毛球運動的靈魂。一場羽毛球比賽，運動員活動在35平方公尺的場地上，從後場底線到網前的距離就有6公尺多，如果步法不到位，球拍是打不到球的。比賽中，雙方還常常運用調離對方中心位置，造成場區空檔而「打死」對方的戰術。由此可見步法在羽毛球技術、戰術中的重要作用。少年兒童在多年訓練中若能打下良好的步法基礎，對於他們攀登羽毛球技術高峰具有十分深遠的意義。

如果根據場區來劃分，大致可分為上網步法、後退步法、兩側移動步法、前後連貫步法和被動步法。

羽毛球步法中常運用墊步、交叉步、小碎步、併步、蹬轉步、蹬跨步、騰跳步等（以下步法介紹均以右手握拍為例）。

(一) 步法的四個技術環節

羽毛球步法是由起動、移動、協助完成擊球動作和回

動這四個環節所構成。

1.起　動

起動來自判斷和反應。判斷正確、反應快是迅速起動的前提。在起動這一環節中，除了抓好反應速度練習外，也要提高判斷能力。

2.移　動

一般來講，從中心位置到擊球位置，運動員在場上的速度快慢，很大程度表現在移動上。為了加快步法移動的速度，可以採用專項速度訓練有效的方法。

3. 協助完成擊球動作

羽毛球技術在擊球時，不單是上肢揮拍擊球，而且需要下肢配合共同發力來完成動作，這是步法結構中的關鍵部分。如果動作彆扭，是不可能擊出速度快、落點準的球的。因此要求動作準確、合理、協調，給人以一種輕鬆自如的感覺。

4. 回　動

擊球後要很快回到場區中心位置，做好迎接下一來球的準備。回動不是盲目地向場地中心的位置跑，而應根據戰術需要來移動。

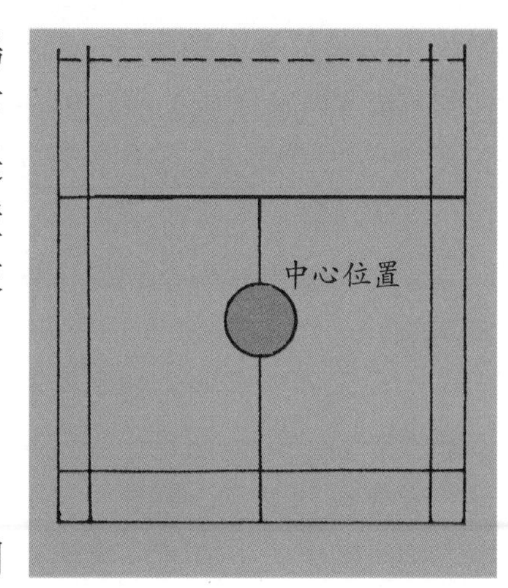

(二)步法取位

為掌握好擊球步法，我們在練習時可將場地劃

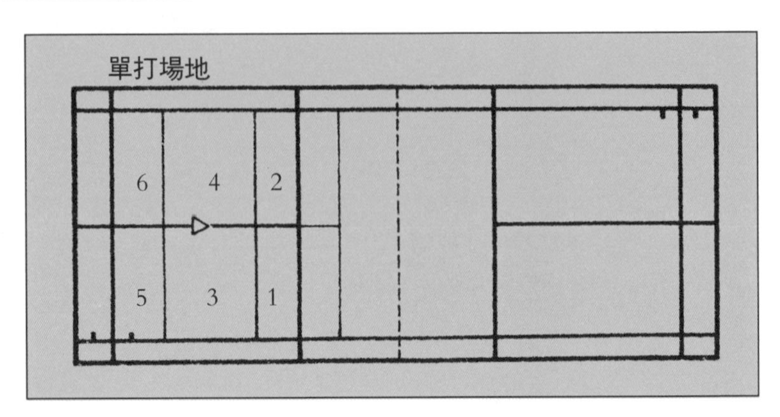

分為不同的區域，以便於合理地選擇步法。通常可把場地分為前場網前區域（右側為 1 號，左側為 2 號）、中場區域（右側為 3 號、左側為 4 號）和後場區域（右側為 5 號，左側為 6 號）。中心點是場區的中心位置，一般情況下為擊球前所處的位置。

在擊球時應根據不同的來球採用不同的步法，1 號位的來球應採用前場網前正手上網步法。2 號位的來球要採用前場網前反手上網步法。3 號位的來球要採用中場正手接殺球步法。4 號位的來球要採用中場反手接殺球步法。5、6 號位的來球分別採用後場正手後退步法、後場頭頂後退步法和後場反手後退步法。

視對方來球距離的遠近，前場、中場和後場等各項步法可選用一步、兩步或三步移動步法到位擊球。如圖所示，中圈內，只需原地擊球或移動一步擊落。若擊球點在中圈與外圈之間，則需移動兩步擊球。若擊球點在外圈之外，就要用移動三步擊球了。對步幅小的運動員來講，則需增加步數，以爭取到位擊球。

(三)常用的步法

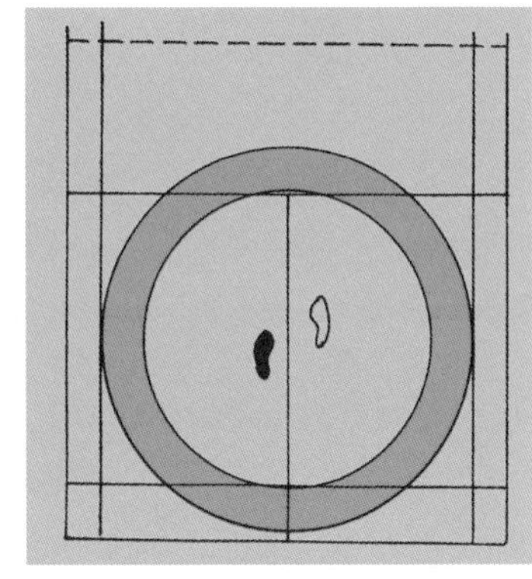

1. 墊步：當右（左）腳向前（後）邁出一步後，緊接著以同一腳向同一方向再邁一步，為墊步。墊步一般用作調整步距。

2. 交叉步：左右腳交替向前、向側或向後移動為交叉步。經另一腳前面超越的為前交叉步，經另一腳跟後超越的為後交叉步。

3. 小碎步：則為小的交叉步。由於步幅小，步頻快，一般在起動或回動起始時用。

4. 併步：右腳向前（或向後）移動一步時，左腳即刻向右腳跟併一步，緊接著右腳再向前（向後）移一步，稱為併步。

5. 蹬轉步：以一腳為軸，另一腳向後或向前蹬轉邁步。

6. 蹬跨步：在移動的最後一步，左腳用力向後蹬的同

時，右腳向球的方向跨出一大步，稱為蹬跨步。它多用於上網擊球，在向後場底線兩角移動抽球時也常採用。

7. 騰跳步

起跳騰空擊球的步法為騰跳步。它可分為兩種，一種是在上網撲球或向兩側移動突擊殺球時，以領先的腳（或雙腳）起跳，作撲球或突擊殺球。另一種是對方擊來高遠球時，用右腳（或雙腳）起跳到最高點時殺球。

在掌握了以上基本步法的基礎上，組成上網、後退、兩側移動和起跳騰空等綜合步法。

二、上網步法

上網步法是指從場地中心位置向網前移動的步法。分正手上網步法，反手上網步法和蹬跳上網撲球步法三種。為了便於隨時起動，準備姿勢應為兩腳稍前後開立（右前左後），輪換彈動，以隨時調整身體重心。

接發球準備姿勢

接發球姿勢必須按規則要求原地站立。左腳在前，右腳在後，側身對網，重心在前腳上，右腳跟離地，雙膝微屈，收腹含胸，放鬆握拍屈肘舉在胸前，兩眼注視對方發球動作。

雙打中的站立姿勢

右腳在前，左腳在後，腳前掌著地，腳跟提起，膝關節微屈，上體稍前傾，重心落在兩腳之間，持拍於腹前。整個姿勢要協調放鬆，保持一觸即發的起動姿態。

完成擊球動作時的姿勢，是上網步法中較複雜的一環。因為這一環要承擔人體前衝的緩衝力量，同時又要顧及手部的擊球質量和擊球後的迅速回動。

所有的上網步法均應注意做到下列要求：

●什麼位置作最後下蹬跨為好，要看球的位置而定，一般應以最後一步跨出以後，側身對網，自然伸直手臂讓拍子能打到球為宜，太遠打不到球，太近也會妨礙擊球動作，且延長了回動距離。

●最後的蹬跨步都應右腳在前，步幅較大，著地點超越膝關節，重心在右腳上。右腳應以腳跟外測沿先著地，然後過渡到腳掌，並用腳趾制動，不使身體再前衝。右臂前伸擊球時，左臂自然張開。擊球後，立即右腳回蹬，如果最後跨步步幅很大，左腳應自然跟隨前移一些，以便回動。

●放網前球、挑球一般採用低重心姿勢。搓球、推球、勾球時身體較直，重心較高。撲球時往往需向前上方蹬跳。

上網最後一步步幅要跨得大，必須注意兩點：

（1）左腳用力向前蹬的同時，應向前送髖，以增大跨步的距離。

（2）向前跨出的右腿，在送髖和左腳發出蹬力的同時，應上抬右腿。右腿抬得高，向前落地的距離才會遠。

右腳落地是緩衝和回動的關鍵。要做到制動快而且自然，也必須注意兩點：

（1）右腳落地前的姿勢，應是小腿前伸（不是伸直），腿腕屈，腳跟向下、腳尖向上。

（2）以腳跟稍偏外側部先著地，迅速向前腳掌滑去；腳尖制動，並做回蹬。

完成跨步和制動後（右膝彎曲不能超過腳尖），回動時必須注意：

身體重心適當放在右腳上，左腿向右腿稍微跟進以分擔右腳承受的重量，協助右腳從弓箭步姿勢恢復直立。再以併步或交叉步退回中心位置。

(一)蹬跨上網步法

起動後左腳後蹬，接著側身，右腳向球的方向跨出一大步擊球。

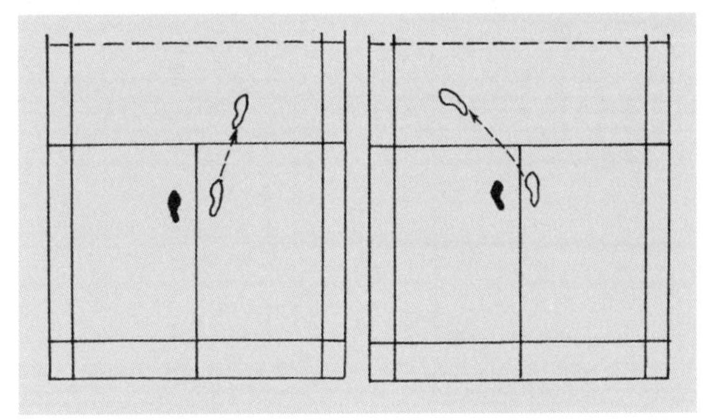

向右前場上網，用正手擊球。　向左前場上網，用反手擊球。

(二)兩步蹬跨上網步法

起動後，左腳先朝球的方向邁一步，緊接著左腳後蹬，側身將右腳朝球的方向跨一大步。

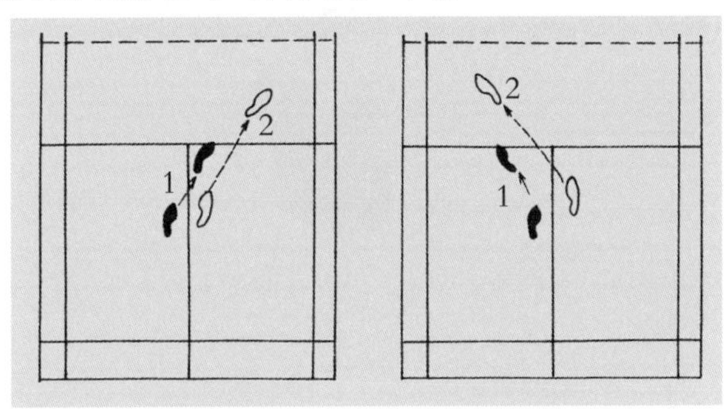

向右前場上網，用正手擊球。　向左前場上網，用反手擊球。

(三)前交叉蹬跨上網步法

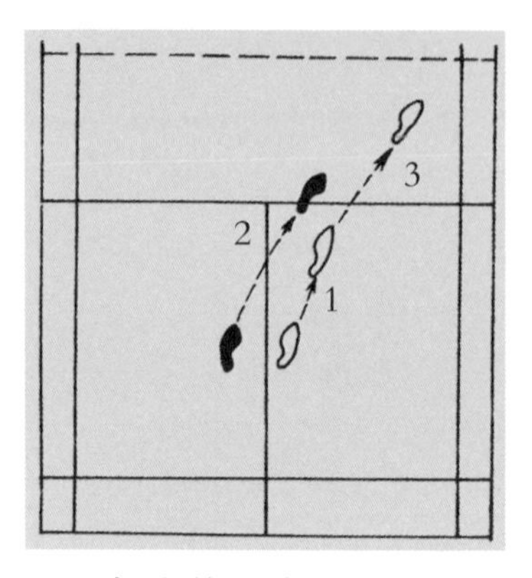

起動後，右腳先向球的方向墊一步，左腳再邁一步，緊接著左腳後蹬，側身將右腳向球的方向跨一大步，用正手擊球。

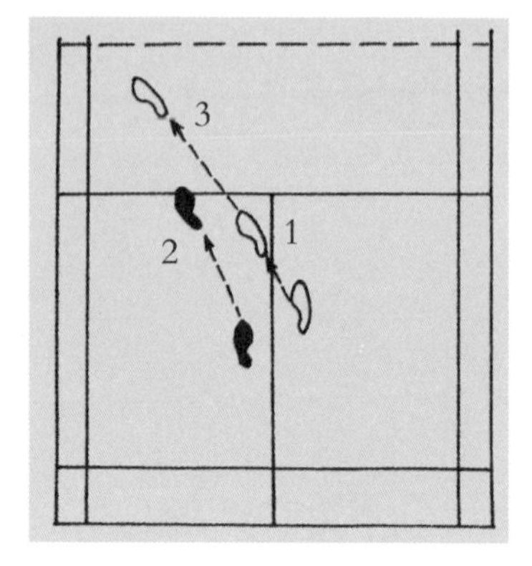

起動後，稍向左轉身，以右腳向左前場邁一步，左腳再邁一步，緊接著左腳後蹬側身將右腳向前跨一大步，用反手擊球。

(四)後交叉蹬跨上網步法

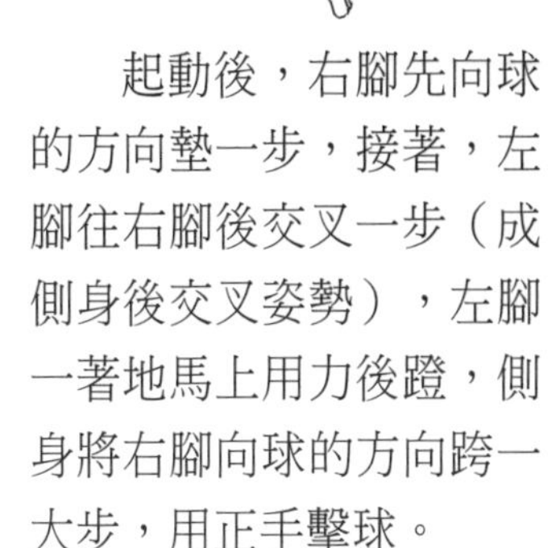

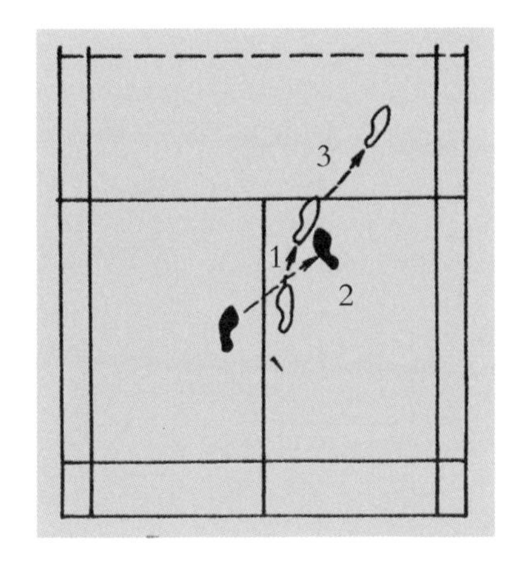

起動後，右腳先向球的方向墊一步，接著，左腳往右腳後交叉一步（成側身後交叉姿勢），左腳一著地馬上用力後蹬，側身將右腳向球的方向跨一大步，用正手擊球。

(五)蹬跳上網撲球步法

這是一種特殊的上網步法。當對方回擊網前球過高時，為了爭取速度，上網撲球常常使用這種步法。這種步法，省略了上網步法中的移動過程。從起動開始，身體前傾，雙腳向網前方向起跳。擊球後，騰空的身體下降，雙腳幾乎同時落地（右腳稍先落地），然後兩腳調整身體重心，恢復正常姿勢。

三、後退步法

後退步法是指從中心位置後退到底線的步法。後退步法是羽毛球步法中最常用的，又是難度較大的步法動作。因為人們的習慣，向前總比向後容易些。特別是向左場區底線後退，對靈活性和協調性的要求更高。

(一)右後場區後退步法

1. 側身後退一步

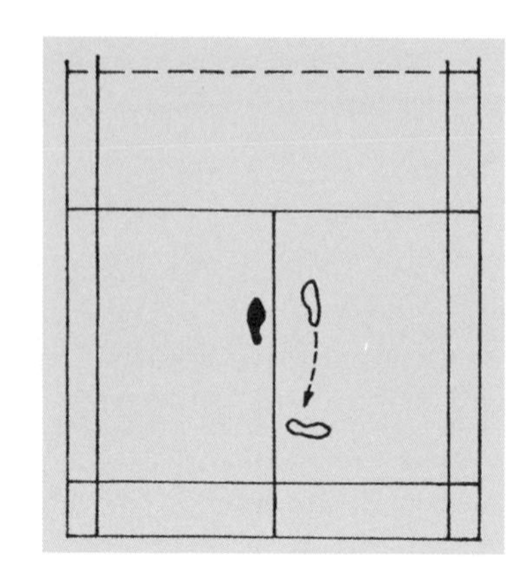

起動後，以左腳前掌為軸，右腳往右後側蹬轉後退一步，重心移到右腳上（右腳腳尖朝右側，左腳尖也順勢略轉向右），成側身對網姿勢。此時，可作原地擊球或起跳擊球。

2. 側身併步後退

起動後，以左腳前掌為軸，右腳往右後側蹬轉後退一步，左腳即刻往右腳併一步，緊接著右腳再向右後撤一步（重心移到右腳上），成側身對網姿勢。此刻，可作原地擊球或起跳擊球。

由於起跳後身體向右方傾斜，因此右腳先落地。當左腳落地時，右腿微屈緩衝支撐身體重心。左腳協助右腳調

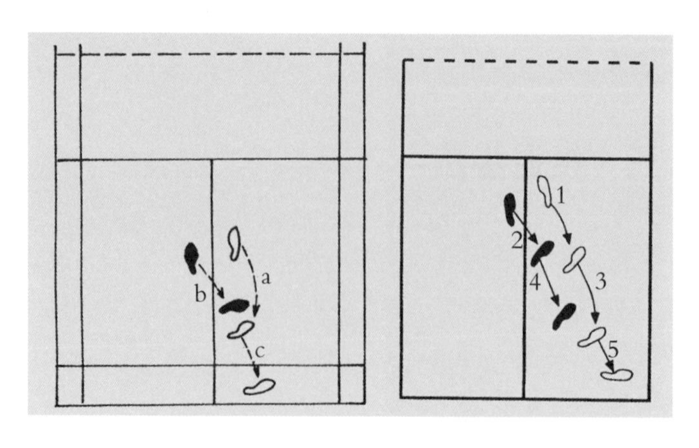

整重心，使身體恢復自然姿勢，並立即回動。

3. 交叉步後退

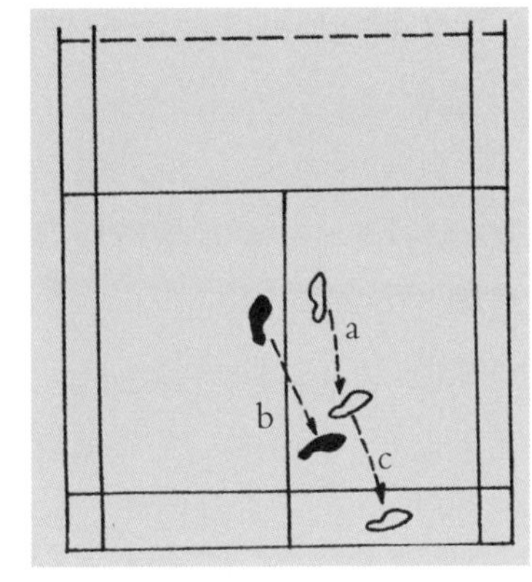

起動後，以左腳前掌為軸，右腳往右後側蹬轉後退一步（步幅不宜太大），左腿即刻經右腿後交叉後退一步，緊接著右腳再往右後撤一步（重心落在右腳上），成側身對網姿勢。此刻，可以原地擊球或起跳擊球。

（二）左後場區後退步法

1. 交叉步後退頭頂擊球步法

起動後，以左腳前掌為軸，右腳向右後蹬轉（蹬轉的角度應較大）向右後方撤一步，左腳即刻往身後交叉後退一步，緊接著右腳再往左後場退一步（重心落在右腳上），成上體後仰面對網的姿勢。此刻，可以作原地或起跳頭頂擊球。如果起跳擊球（向左後上方起跳），在揮拍擊球的同時，必須在空中作左腳後擺，右腳前跨的兩腳交換動作，左腳在身後先著地，上體前壓，緊接著右腳在體前著地緩衝，向中心位置回動。

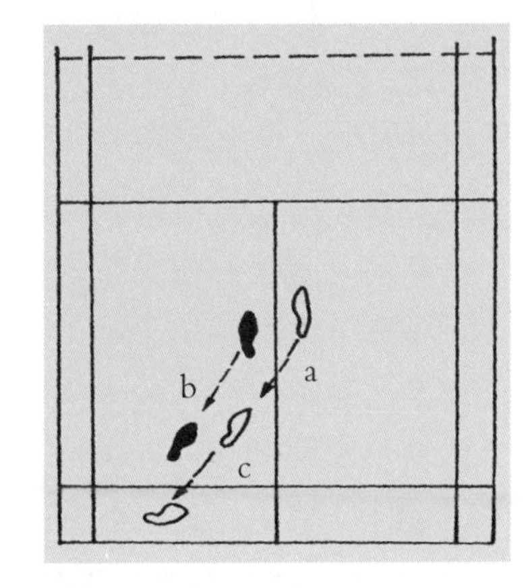

2. 蹬轉一步反手擊球步法

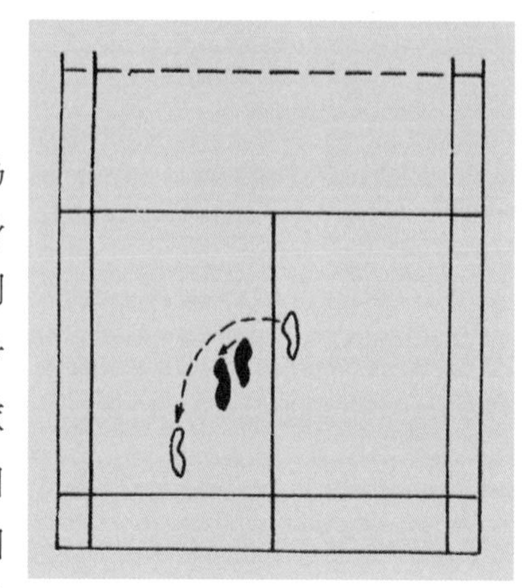

起動後，以左腳前掌為軸，右腳向左後方蹬轉使身體轉向左後方，同時，右腳經左腳前向左後場跨出一步（重心移到右腳）成背對球網姿勢（在移動過程中，由正手握拍法換成反手握拍法），在右腳跨步著地時發

頭頂步法的難度反映在下述兩個環節上：

●右腳起蹬跳起後，左側髖部後轉。如果動作放鬆而自然，髖部柔韌性不差的話，髖關節後拉帶動左腿後擺的幅度是很大的。這是羽毛球步法中一個難度較大的動作，兩腿在空中幾乎像劈叉一樣。這個動作之所以要幅度大，是因為左腳在身後落地時可以充分支撐和緩衝身體的後衝力，並配合右腳迅速使身體姿勢恢復自然。也就是說，左腿拉得開，落地支撐住，有利於回動。

●左腳落地支撐的姿勢是很重要的。如果是以前腳掌落地，儘管左腿後拉的幅度很大，身體仍然不穩，甚至後倒。這種落地姿勢由於對左腳跟腱壓力很大，還往往是造成跟腱撕裂的原因。因此，教練員應讓少年兒童運動員在學習過程中避免這種姿勢。正確的方法是左腳尖朝外，腳內側即前腳掌內側、腳跟內側著地。

力反手擊球。擊球後，右腳往右後方蹬轉，身體隨即轉成面對球網，回中心位置。

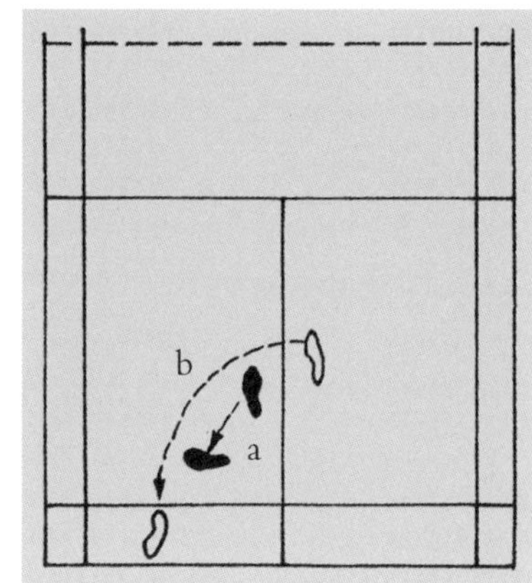

3. 墊步蹬轉反手擊球步法

起動後，上身向左轉，同時，左腳後撤墊一步，緊接著以左腳前掌為軸，右腳經左腳前向左後場區跨出一步（重心移到右腳）成背對網姿勢（在移動過程中，由正手握拍法換成反手握拍法），在右腳跨步著地時發力反手擊球。擊球後，右腳往右後方蹬轉，身體隨即轉成面對網，回中心位置。

4. 蹬轉交叉步反手擊球步法

起動後，以左腳前掌為軸右腳向左後方蹬轉，使身體轉向左後方，同時，右腳經左腳前向左後場區跨一步成背對網姿勢（在移動過程中，由正手握拍法換成反手握拍法），接著，左腳邁一步，右腳再邁一步（重心移右腳上），在右腳著地時發力反手擊球。擊球後，右腳往右後方蹬轉，身體隨即轉成面對網，向中心位置回動。

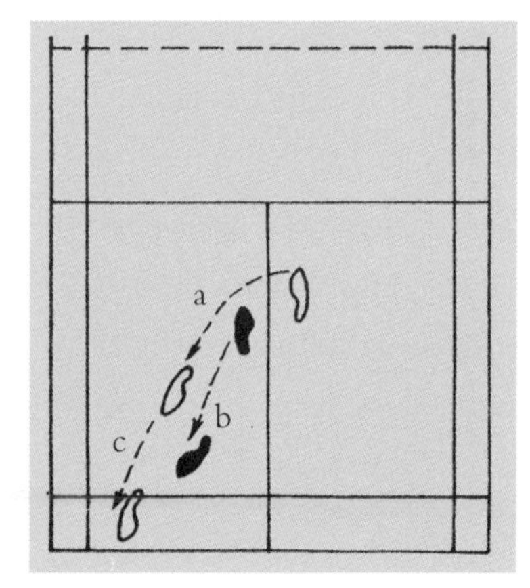

以上都是從中心位置後退的步法。在比賽中，能回中心位置稍作停頓再起動，說明步法比較主動。但是，在比賽中，往往也會有被對方控制而出現被動的局面，例如，在網前擊球後就需直奔後場底角回擊對方的平推球，這時可用交叉步後退，步數不限，但最後一步仍須符合上述步法要求（右腳在後，重心在右腳上）。如果從後場上網擊球，步法運用也照此理。

四、兩側移動步法

兩側移動步法是指從中心位置向左、右兩側邊線移動的步法。它一般用於中場接殺球，起跳突擊。從中心位置到兩側邊線的距離大約是 2.6 公尺，對少年兒童來說，向一側僅跨一步是不夠的，需要用一個小墊步來接應才能到位。

(一) 向右側移動步法

1. 向右側蹬跨步

起動後，左腳掌內側用力起蹬（同時向右轉髖），右腳向右側跨出一大步（重心落在右腳上，腳尖偏向右側，以腳趾制動），上身略向右側倒（側倒的程度根據擊球點高低而定）作正手抽、擋球。擊球後，以右腳前掌回蹬。

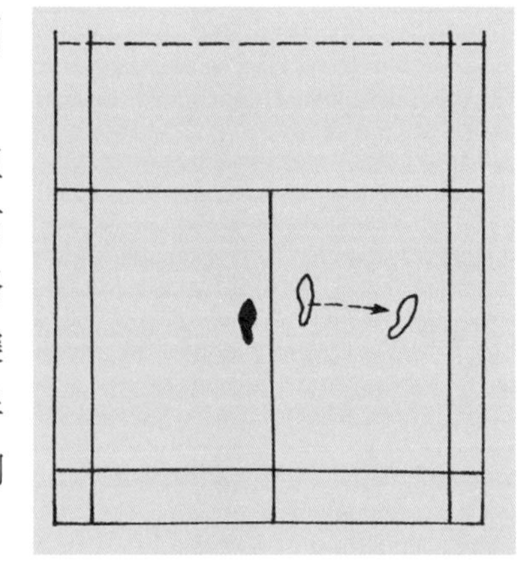

若起跳突擊，用右腳（或雙腳）起跳，突擊後，右腳先著地（或雙腳同時著地）緩衝，回中心位置。

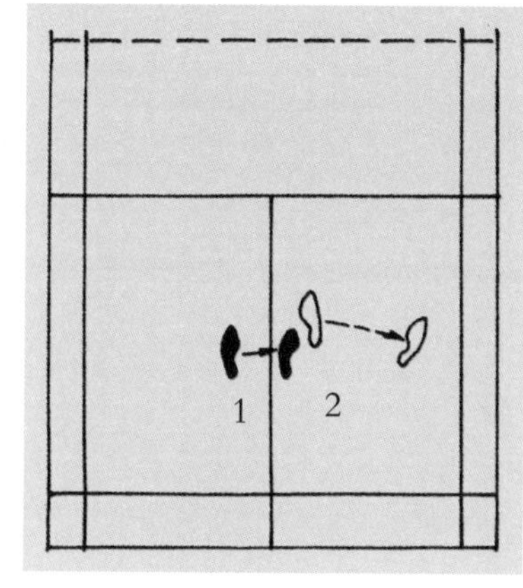

2. 向右併步加蹬跨步

從起動開始，身體傾向右側，重心移動右腳，左腳向右腳靠近墊一小步並以前腳掌蹬地，右向側轉髖，右腳向右側跨步，腳尖朝外。

（二）向左側移動步法

1. 向左側蹬跨步

起動後，右腳掌內側用力起蹬，同時向左轉髖，左腳向左跨出一步（重心落在左腳上，腳尖偏向左側，以腳趾制動），上身略向左側倒作抽、擋球。擊球後左腳前掌回蹬，回中心位置。若起跳頭頂突擊，用左腳（或雙腳）起跳，突擊後，左腳先著地（或雙腳同時著地）緩衝，回中心位置。

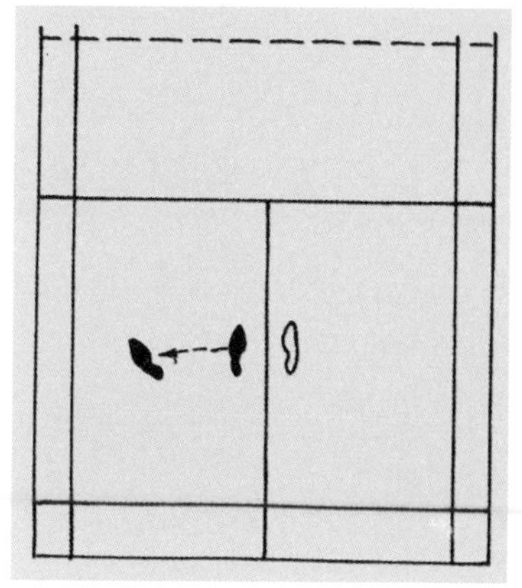

2. 向左蹬轉跨步

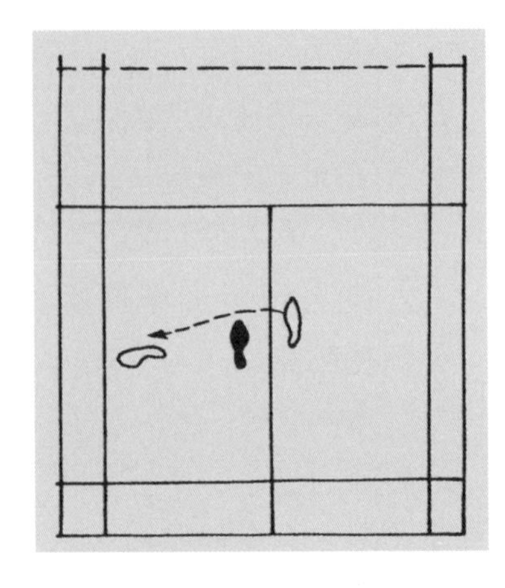

起動後，以左腳前掌為軸，向左轉髖，同時，右腳內側用力起蹬，經左腳前向左側跨一大步（重心在右腳上，以腳趾制動）成背對網姿勢，上身略向前傾作反手抽、擋球。擊球後，以右腳回蹬隨即轉成面對網，回中心位置。

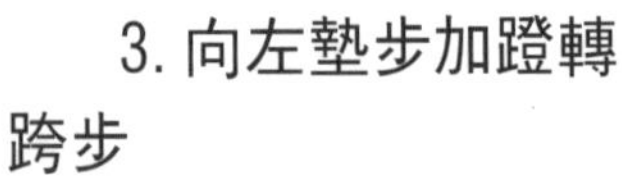

3. 向左墊步加蹬轉跨步

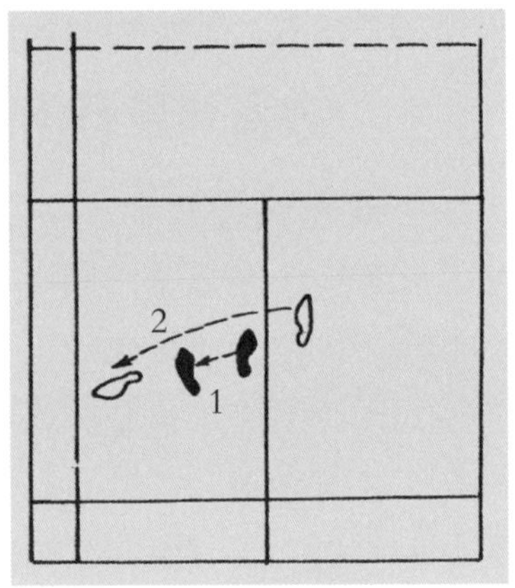

起動後，左腳先向左側墊一步。此後的動作與上述「向左蹬轉跨步」一致。

(三) 左、右側起跳步法

這種步法由於起跳，加快了步法的速度和擊球的高度，具有較大的威脅性，常被稱為突擊步法。有兩種起跳方法。

1. 從準備動作開始，身體向右稍傾斜，雙膝向右側微屈起跳；或身體向左稍傾斜，雙膝向左側微屈起跳。

2. 從準備動作開始，右腳向右跨一小步起跳；或左腳向左跨一小步起跳。

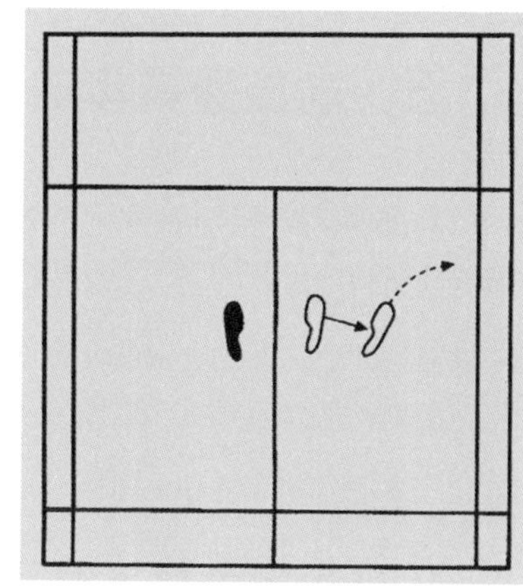

五、前後連貫步法

在步法移動過程中，不需重新起動的步法叫做連貫步法。其中有後場至前場的連貫步法，還有前場至後場的連貫步法。例如，殺上網經常使用的連貫步法是：當判斷對方只能擋網前球時，應從後場直奔網前，不必在步法移動過程中回中心而有所停頓。

(一) 後場至前場連貫步法

基本上有四條路線：正手後場直線上網；左後場直線上網；正手後場對角上網；左後場對角上網。前兩種是直線連貫步法，後兩種是對角線或稱之為斜線連貫步法。

1. 直線連貫步法

在後場完成擊球動作，身體姿勢復原後，以交叉跨步衝向網前做上網動作。

如果是蹬力強的運動員，從後場到網前只需三、四步。還有一種直線連貫步法是稍向中心位置移動一點，然後上網。

2. 斜線連貫步法

在後場完成擊球動作。身體姿勢復原後，以交叉步衝向對角網前做上網動作。由於斜線比直線距離長，因此從後場到對角網前需要較多的步子。教練員可根據每個少年兒童運動員的實際情況，選擇合適的步數。

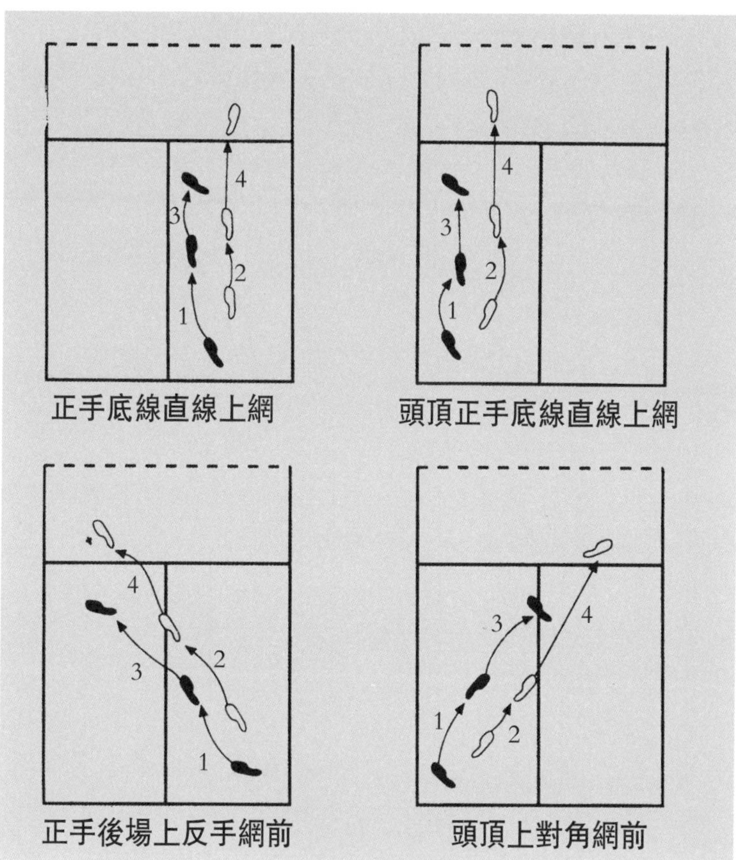

(二)前場至後場連貫步法

基本上也是四條路線：正手網前直線退後場；反手網前直線退後場；正手網前斜線退後場；反手網前斜線退後場。

1. 直線連貫步法

在網前完成擊球動作，身體姿勢恢復後，做一個併步後退步法，右髖向右後方轉動，帶動右腳移於左腳之後，

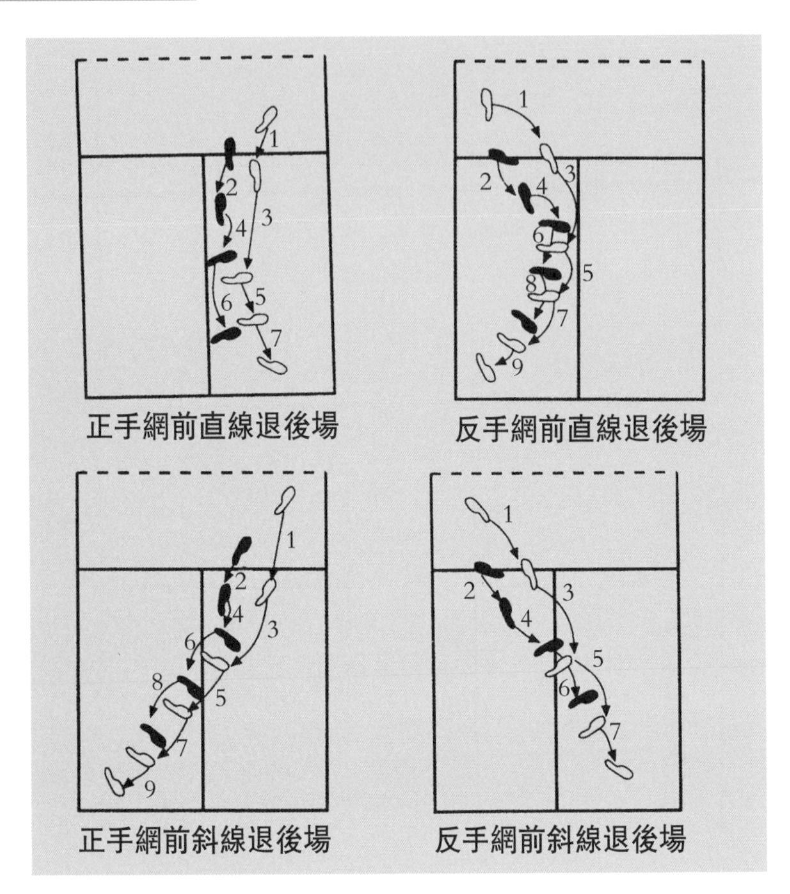

以併步或交叉步移動至後場。

2. 斜線連貫步法

正手網前斜線退後場：在網前完成擊球動作，身體姿勢恢復後，向後併步退一步，右髖向左後方轉動，帶動右腳移於左腳側後方。由於髖部轉動的幅度很大，需要左腳用一個向右側轉的小跳步，左腳尖朝著右側邊線。然後以併步或交叉步移動至後場。

3. 反手網前斜線退後場

在網前完成擊球動作，身體姿勢復原後，向後併步退一步，右髖向右側方轉動，帶動右腳移於左腳右側方，以併步或交叉步移動至底線。

六、被動步法

在羽毛球比賽中，有時因為判斷錯誤或起動、移動慢，會出現來不及用主動步法還擊的情景。此時，必須以較低重心的下手動作，加大步幅和移動頻率來救球，這就是被動步法。被動步法不僅動作難度大，而且對下肢力量及靈活性的要求也較高。少年兒童運動員在學習了基本步法的基礎上，可以逐步學習被動步法。這裏以難度較大的前場被動步法和後場被動步法為例進行介紹。

(一) 前場被動步法

被動上網步法與上網步法類似，但因有主動和被動之分，因而在完成動作時的要求有所不同。除加速起動外，

球星英姿

擊球時弓箭步要跨得大，重心較低，身體充分前傾，右臂前伸，身體右側幾乎碰到大腿，球拍幾乎貼近地面。回動時，往往不能像主動上網那樣以右腿支撐緩衝制動來回動，還需借助身體和髖部的後拉，提高身體的重心，協助左右腿的回收完成還原動作。

(二)後場被動步法

分正手後場被動手法和反手後場被動步法。由於它們之間動作的差異較大，這裏分別進行介紹。

1. 正手後場被動步法

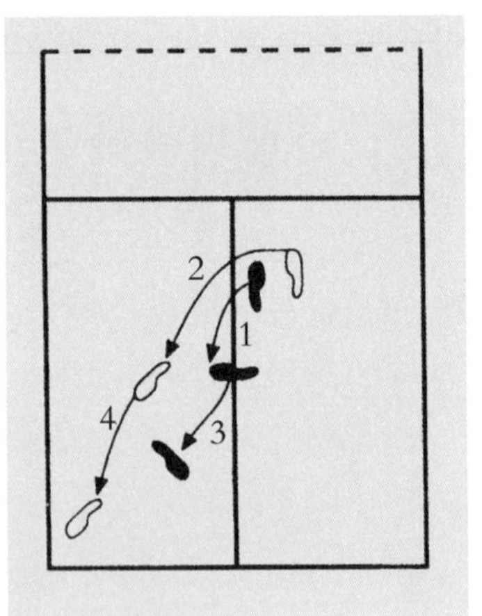

起動和移動與正手退後場步法大致相同，只是移動的重心和姿勢較低，常以交叉步移動。由於正手底線被動時，球往往低於肩部，在移動到位時不可能使用騰跳步，只能使用向右後方的跨步以降低身體重心，配合手部完成擊球動作。回動時，身體重心移向右腳，左腳向右腳稍稍回收，協助右腳回動，使身體姿勢復原。

2. 反手右場被動步法

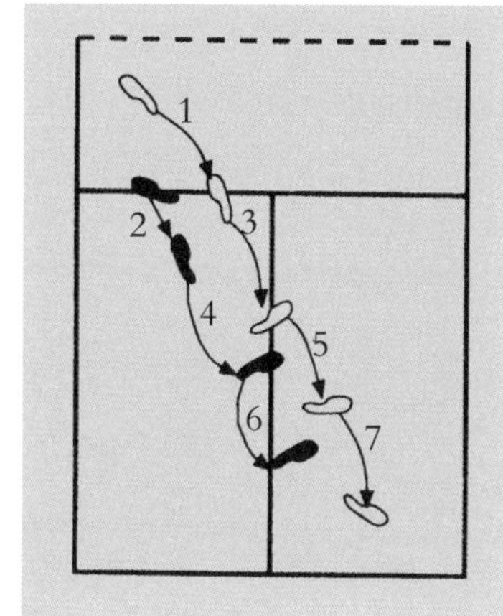

從起動開始，左腳向左後方邁出一小步，以左腳為軸右髖向左後方轉動，帶動右腳前交叉移到左後方，接著左腳向左後方邁出較大的一步，並支撐身體重心，當右腳向左後方邁出時，左腳用力一蹬使右腳以較大的步幅在左後方落地，右腳落地的同時揮臂擊球。回動時，身體重心先移向右腳，左腳向右腳稍微跟進幫助右腳回收，這時右髖轉向正手網前方向，帶動右腳移向體前，恢復到起動的準備姿勢。

步法常見錯誤及糾正方法：

●**常見錯誤：**移動判斷錯誤。

球的落點在後場卻往前場移動；球的落點在網前卻往後退移動。來球在左（右）方卻向右（左）方移動。這是比賽中最被動的步法錯誤。

糾正方法：這主要由於判斷錯誤造成的，應多進行教學比賽，提高對假動作及出球路線的識別判斷能力。

●**常見錯誤：**反應慢、移動慢。

糾正方法：（1）應保持良好的準備姿勢，每擊完一次球後，就要回中心位置做好準備姿勢，尤其要強調起踵、屈膝和全身自然協調。

（2）透過多球練習（或按手勢指令）作反應起動練習。

（3）透過跳繩，跳石級，跳沙地，負重提踵等練習增強腳弓、踝關節和下肢的力量。

（4）將各種步法練正確，反覆練。

●**常見錯誤：**步法與擊球動作配合不好，不協調。

糾正方法：最關鍵的是要做到最後一步正確。上網時，最後一步右腳在前，重心在右腳上，步幅宜大。後退時，最後一步右腳在後，重心在右腳上。向右側移動時，右腳在前，重心在右腳上。向左側移動時，可視情況左腳在前或右腳在前，重心應在前面一隻腳上。

●**常見錯誤：**哪裡打完球就在哪裡停著，未養成立即回中心位置的習慣。

糾正方法：（1）依手勢的指令，在羽毛球場上反覆作起動，到位揮拍「擊球」，回動的練習。以上練習也可用多球進行。（2）進行耐力與速度耐力的訓練，以加強移動能力。

第4章 羽毛球技術訓練方法

一、單項技術的重複練習
二、組合技術練習
三、一點打兩點或兩點打一點練習
四、球路練習
五、步法練習

羽毛球技術在比賽爭奪每一得分或發球權的過程中，根據臨場的情況和每個人的不同特點，可能某個技術被多次重複地運用；也可能是數個技術被不同地組合起來變化著運用。正因為沒有固定的程式和模式，才使得比賽千變萬化，精彩紛呈。

為了使運動員能更好地掌握基本技術，並逐步提高其在比賽中的運用能力，可以設計出一些近似比賽實戰情況的各種球路練習。

從單一技術的重複練習→二、三種技術的組合練習；從固定球路→半固定球路→不固定球路的練習；從一對一→一對二或二對一練習；從一點球→兩點球→三、四點球練習；從一個球→組球→多球練習，等等。

一、單項技術的重複練習

1. 兩人分邊對打直線或對角線高球練習。可規定每組次時間或規定完成數量。

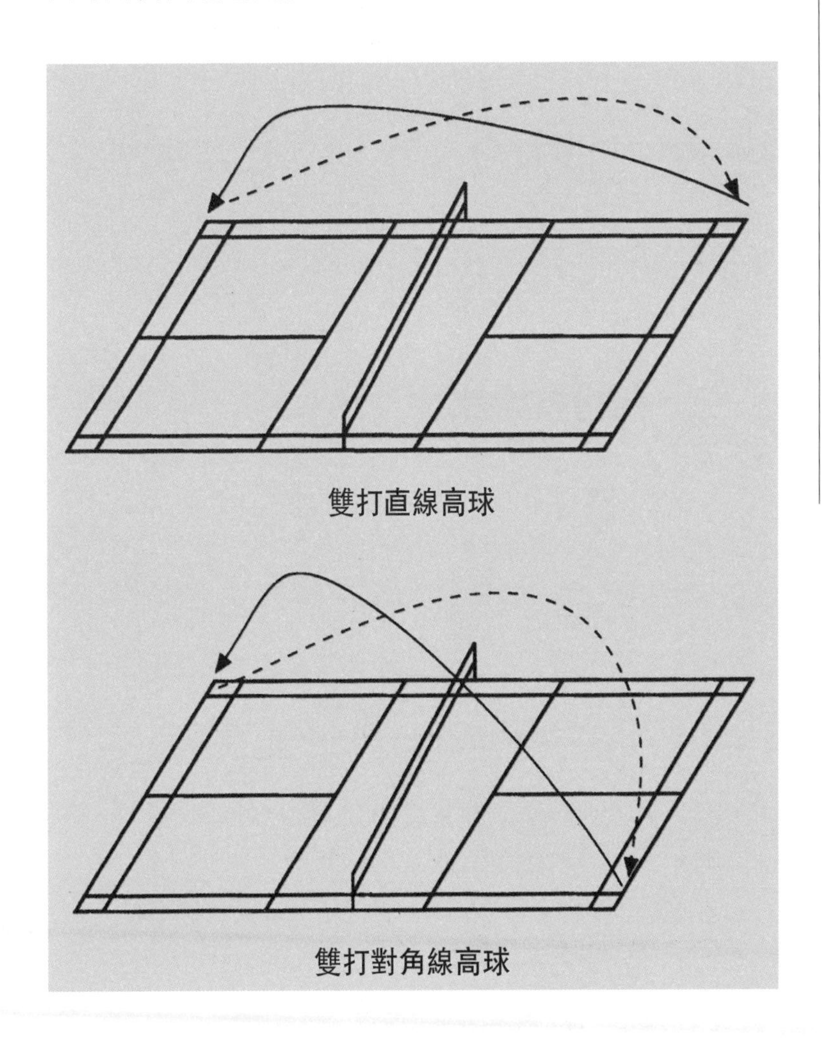

雙打直線高球

雙打對角線高球

2. 兩人各站一邊，做一吊一挑練習。可規定吊、挑直線或對角線，兩人輪換做。

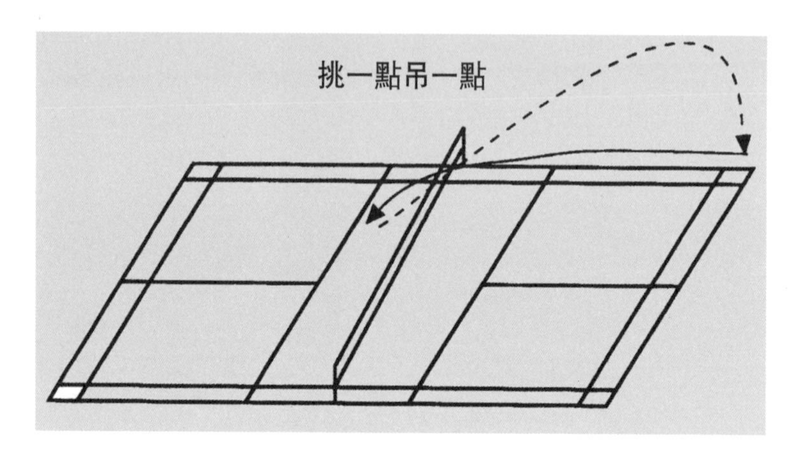

二、組合技術練習

1. 吊上網搓球、推球、勾球練習。

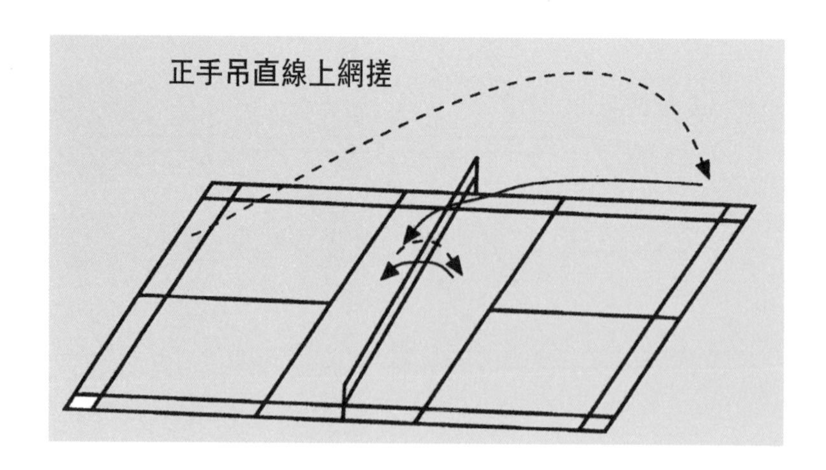

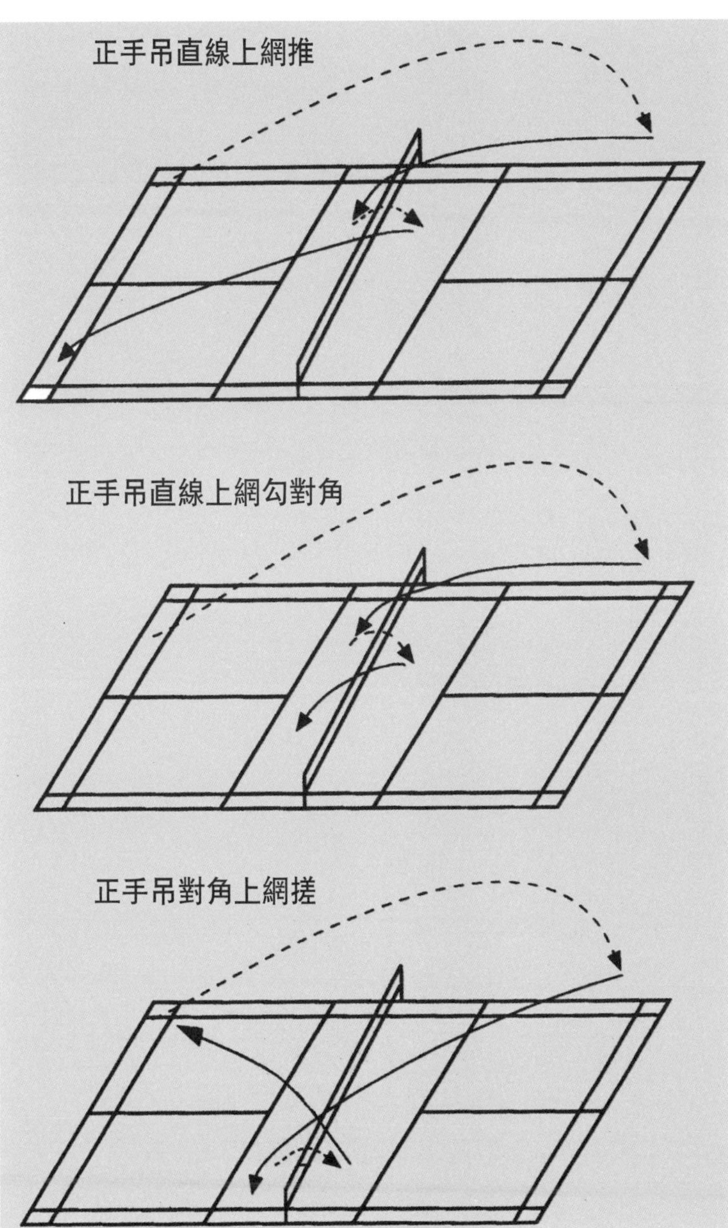
正手吊直線上網推
正手吊直線上網勾對角
正手吊對角上網搓

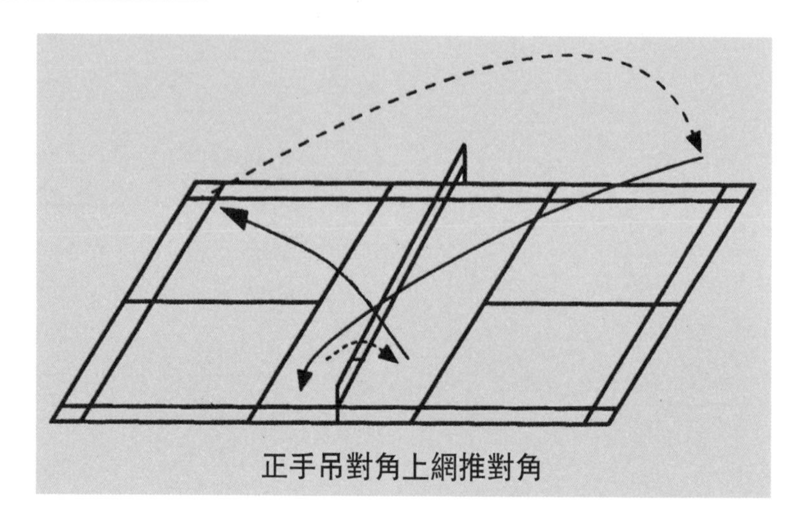

正手吊對角上網推對角

2. 頭頂殺上網搓、推、勾練習。

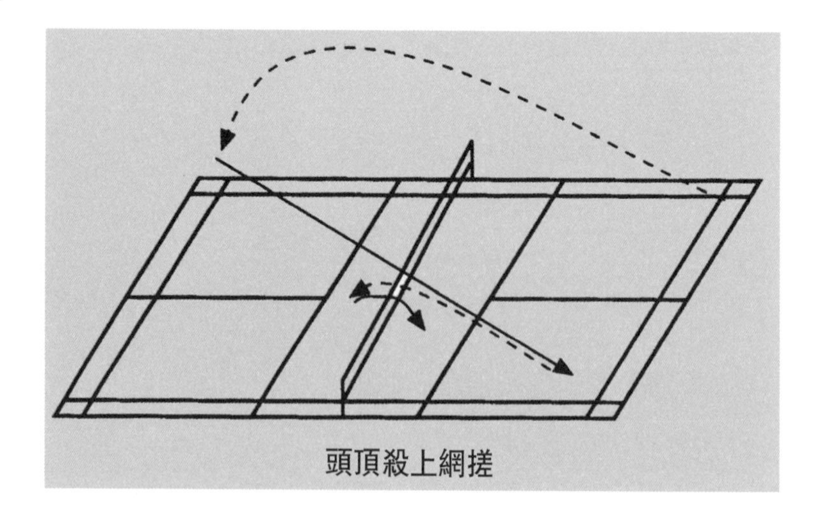

頭頂殺上網搓

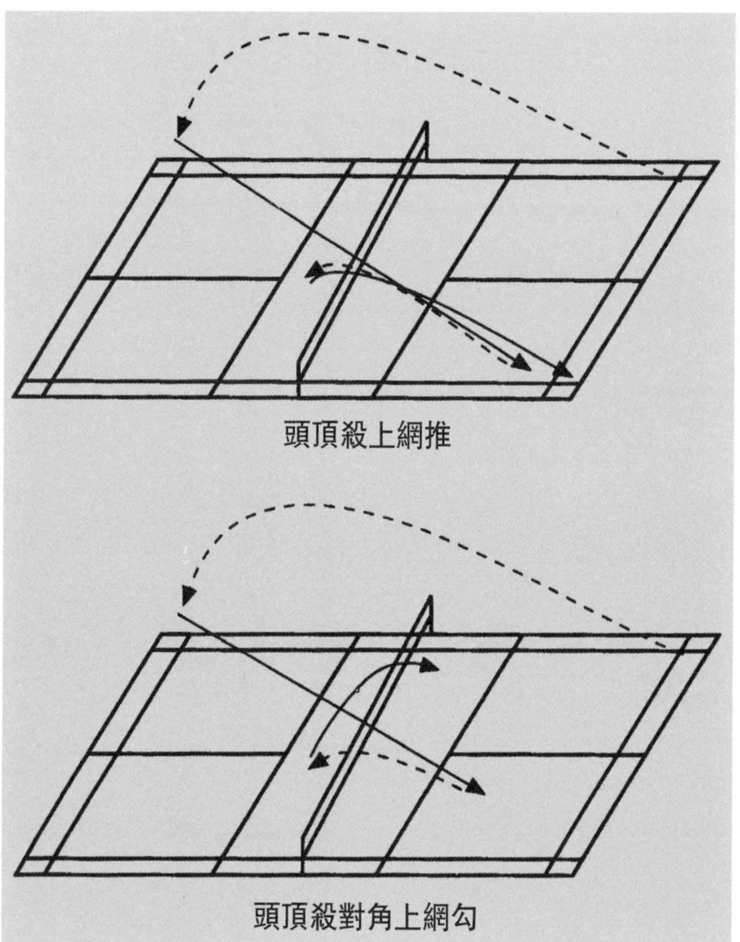

頭頂殺上網推

頭頂殺對角上網勾

三、一點打兩點或兩點打一點練習

1. 一人在指定位置原地起跳擊高球到對方兩底角，另一人在兩底角移動擊高球到指定位置。

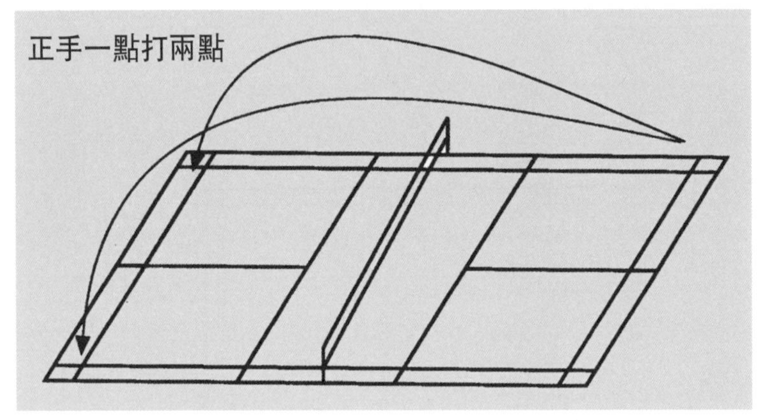

2. 一點吊兩點練習。一人在指定的後場區吊直線或對角線網前，另一人（或兩人）將網前球挑回到指定場區。

3. 兩點吊一點。在兩底角移動吊球到指定的一邊網前。

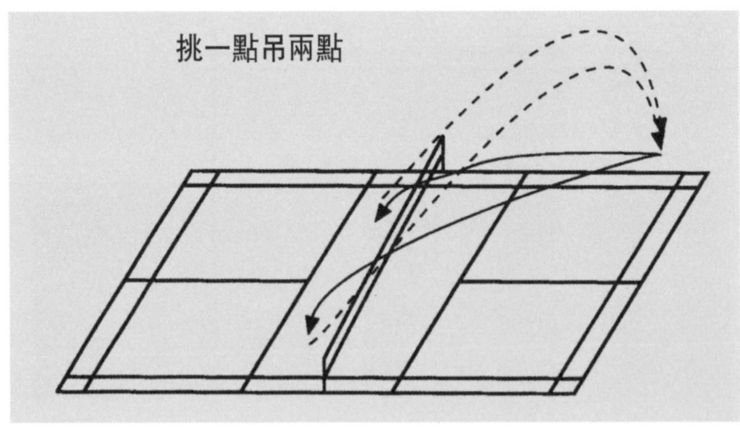

四、球路練習

1. 固定球路高吊上網練習

發高球，回擊直線高球；重複直線高球，吊對角網前球。反覆練習，兩人輪換。

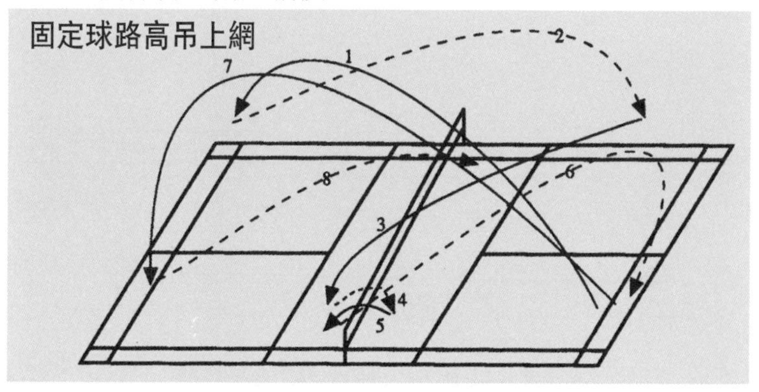

2. 固定球路高殺上網練習

發高球，還擊高球；重複高球，殺對角；擋網前，搓；挑高，還擊高球；重複高球，殺對角。輪換練習。

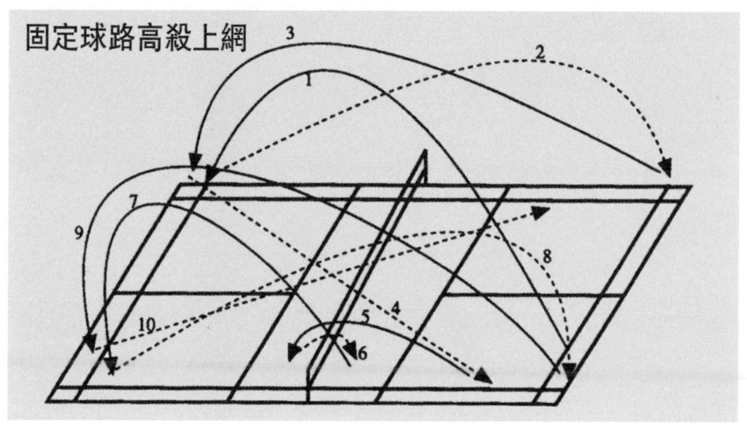

3. 半固定路線高吊輪攻練習

發高球，回擊高球；吊球，上網放；上網搓，挑高；回擊高球，再吊球；上網放……依此循環下去。直線、對角線均不固定。

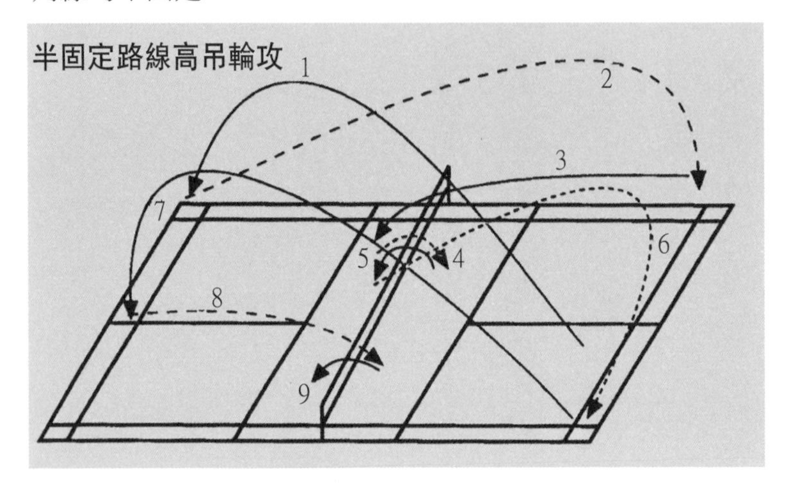

4. 不固定路線練習

（1）高吊對高吊。全場，不用殺球，其他技術均可用。

（2）高殺對高吊。全場，一人高殺，一人高吊。

（3）高殺對高殺。全場，除吊球外，其他技術均可用。

（4）吊殺對吊殺。全場，除後場不能還擊高球外，其他技術均可用。

（5）殺吊對高吊。殺吊者，後場不打高球，其他技術均可用；高吊者，除殺網前不推、挑外，其他技術均可用。

以上練習形式只是一些舉例，練習者者可舉一反三，自行設計。

五、步法練習

羽毛球步法是由起動、移動、制動和回動四個環節所構成。起動是由相對靜止的站位狀態向來球方向移動的發力過程，它來自判斷和反應。移動一般是指由中心位置到擊球位置的位移過程。制動則是到位後克制移動的慣性，保持身體重心的平穩，以便協助完成擊球動作；回動是在完成擊球後要儘快回到中心位置，做好迎擊下一來球的準備。

步法練習的要求是：起動、移動、制動、回動快；調整及攻防轉換好；前、後、左、右場連貫，快速移動合理。

1. 後場至前場直線連貫步法練習

在後場完成擊球動作，身體姿勢復原後，以交叉跨步衝向網前做上網動作。殺上網不必回中心位置。

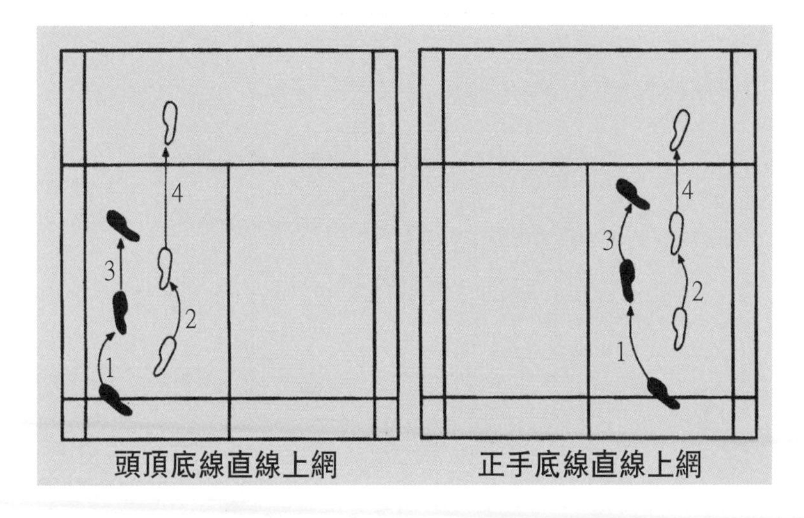

頭頂底線直線上網　　正手底線直線上網

2. 後場至前場斜線連貫步法練習

在後場完成擊球動作，身體姿勢復原後，以交叉步衝向對角網前做上網動作。

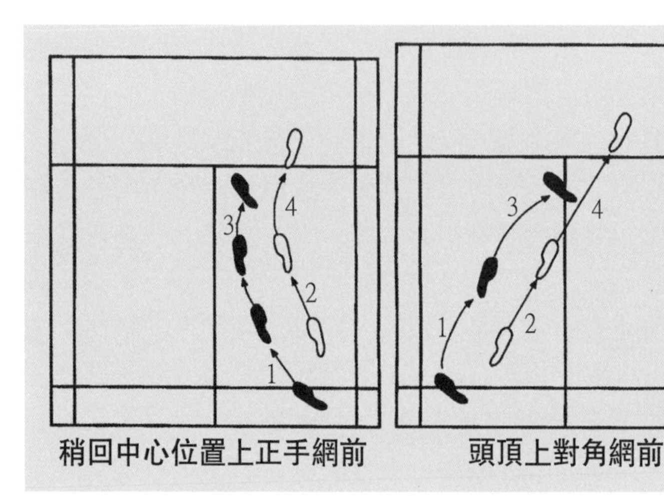

稍回中心位置上正手網前　　頭頂上對角網前

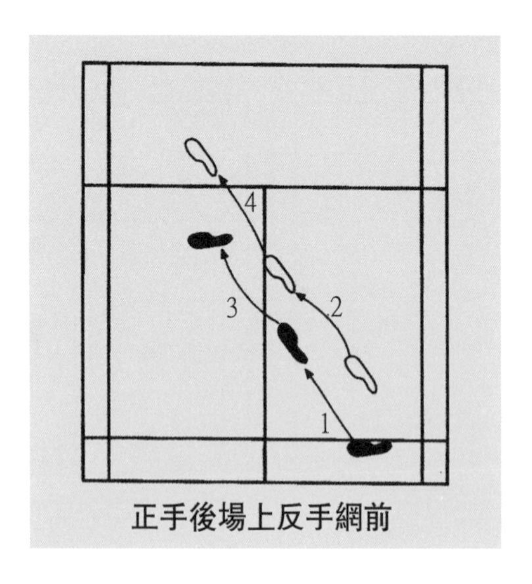

正手後場上反手網前

3. 前場至後場直線連貫步法練習

在網前完成擊球動作，身體姿勢恢復後，做一個併步後退步法，右髖向右後方轉動，帶動右腳移於左腳之後，以併步或交叉步移動至後場。

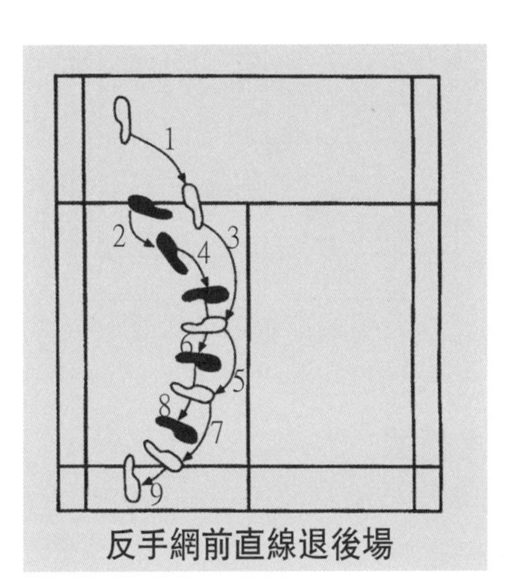

反手網前直線退後場

正手網前直線退後場

4. 正手網前斜線退後場練習

在網前完成擊球動作，身體姿勢恢復後，向後併步退一步，右髖向左後方轉動。帶動右腳移於左腳側後方。由於髖部轉動的幅度很大，需要左腳用一個向右側轉的小跳步，左腳尖朝著右側邊線。然後以併步或交叉移動至後場。

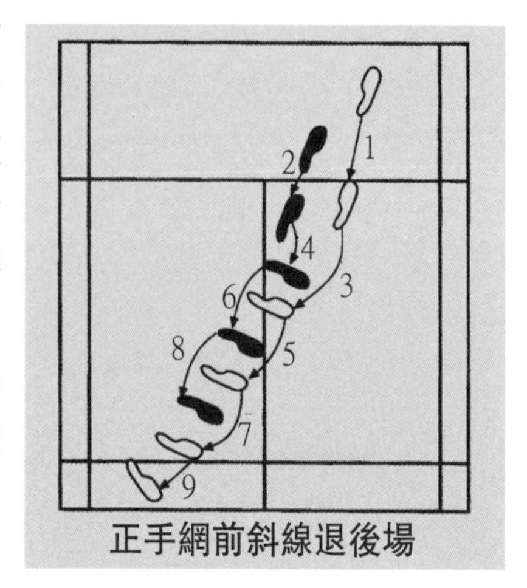

正手網前斜線退後場

5. 後手網前斜線退後場練習

在網前完成擊球動作，身體姿勢復原後，向後併步退一步，右髖向右側方轉動，帶動右腳移於左腳右側方，以併步或交叉步移動底線。

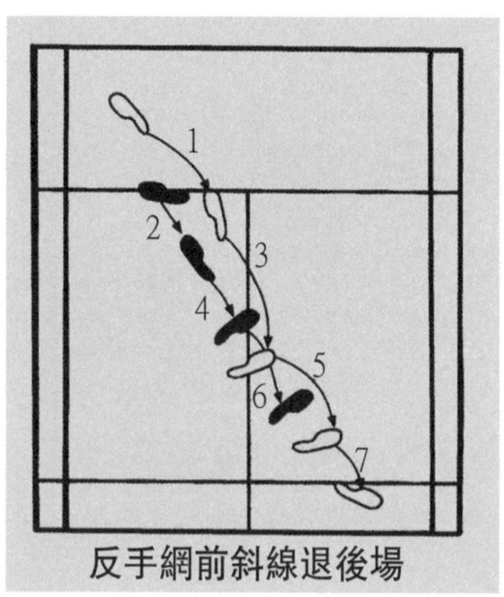

反手網前斜線退後場

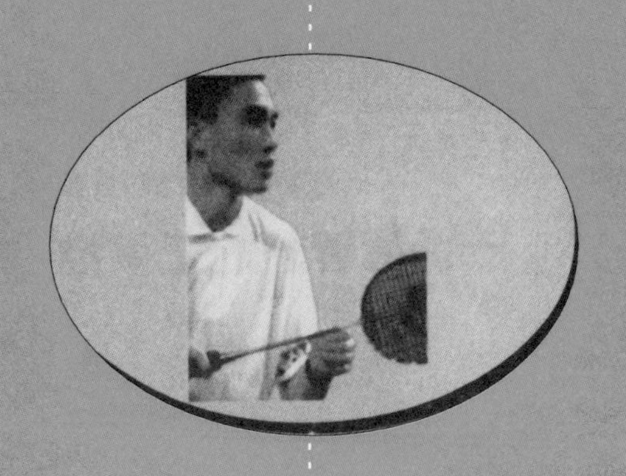

第

超級球星的成名絕技

龔智超　葉釗穎　孫　俊
湯仙虎　張　寧　馬　汀
拉斯姆森　拉・西德克
皮特・蓋　王友福
10位超級球星
16種成名絕技
最詳盡的連續動作圖解

一、龔智超的正手推球

如果僅僅採用網前強有力的快速移動，可以起到一點制約對方移動的效果，但在要擊球的一瞬間，把重心降低更能迷惑對方，使對方不知該如何移動，因為對手必須要防自己的身後，從而不得不抬起上身。在這裏，龔智超雖然仍是將球推向對方身後，但因為採用了慢一拍的方法，使對手一時難以判斷。

要點：

在單打比賽中，特別是身材矮小的選手，如果要掌握主動權，就要在快速反應的同時巧妙地運用球拍。在這裏，龔智超就是在移動過程中，手上多了假動作，由此可見她對自己的長處和弱點是瞭若指掌的。

稍停片刻，突然降低重心，把球迅速推向對手身後位置。

針對對手的回球，先出左腿開始快速的移動。

右腳隨之跨出一大步。

在快速移動的同時球拍也高高舉起。

臉略微向上方仰起，做出一種要將球打過對方頭頂的姿勢。

右腳著地。雖然有擊球動作，但卻沒有擊球。

二、葉釗穎的變向劈殺

對手打出的高球在中央線附近的位置上升，快速移動到位，準備擊球。

身體形成反弓形。這種身體上的反弓形一定會讓對手難以看清接下來回擊的是什麼球。

採用腳尖站立的方式，同時體形還是保持反弓形。

輕輕跳起擊球。在反擊回球的一瞬間，球拍還是正面朝向球的，但這時仍然無法判斷她將打出什麼球。

要點：

●在劈殺時，球拍的揮動幅度一般都不會很大，但在這裏葉釗穎反其道而行之，一直到擊球前都採用扣殺般的大幅度揮拍動作。這樣做主要有兩個原因：一是因為要翻換球拍，身體很容易向前衝，需要一個緩衝的過程；二是大幅度的揮拍動作更能擊出強勁有力的殺球。

●凡是世界級頂尖高手，總是優先考慮怎樣才能不讓對手知道自己的突然劈殺路線。總是要巧妙地添加些假動作迷惑對手。在這裏，葉釗穎的輕輕跳起擊球就可以稱為假動作。

三、孫俊劈吊斜線的假動作

先判斷球是否在界內。

右腳後撤一步，降低身體重心。

右腳落地的同時，移動左腳踏入自己預定的位置。

把羽毛球拍豎著拿，給對手一種將要把球擊向正手的樣子。

輕輕跳起。起跳不僅僅可以提高擊球點，而且可以給對方造成一種將要大力擊球的預感。

要點：

◉孫俊的假動作非常逼真。無論是從動作姿勢，還是從球拍的拍面來看，絕對是一個筆直的大力殺球的樣子，或者說是給人一種清楚的將要擊向正手遠側的預感，但在擊球一瞬間突然變化，在擊向反手側中達到了劈吊斜線的目的。

◉孫俊進一步提高了假動作效果的是擊球點的高度。在男子羽毛球比賽中，若從頭頂上方擊球，不依靠躍起的話，整個動作氣勢就會變得很弱小，不能給對手製造威脅感覺。

◉孫俊左腳著地後，幾乎同時右腳也向前方邁出一大步。頂尖高手在大力擊球時，通常都是雙腳一起著地，採用一種把力量化成向前衝的樣式，這已經成為當今羽毛球運動的主流。但在這裏孫俊採用了自己改良過的方法，並不很勉強地左腳先著地，這樣既有利於控制好速度，也有利於身體的回位，從而能夠實現劈吊斜線的目的。

但在擊球的瞬間，孫俊把球拍向外側來了個切球，把球擊向對方的反手側，從而完成了劈吊斜線球的過程。

四、王友福處在絕境中的反攻

馬來西亞名將王友福即使被逼入正手深後處的危險境地，也能夠在很低的擊球處採用交叉切球法，進行反攻。

王友福判斷出對手回球的路線是向左半側的反手位時，採用交叉逆向法，把球擊向對方正手的較遠處。這種出擊比想像中更要快，對手想再起動已來不及了。

連續的扣擊絕對不容失誤。在突然變化之中，給對手一個措手不及。更重要的是，雖然拼命奔向正手的遠處，但王友福的眼睛餘光還是確認著對手的位置。在看穿對手將要向後側移動時，他卻擊出正手遠處的反攻球，從這裏可以領略王友福頑強的戰鬥精神。

邁出左腳後，立即大步跨出右腳。

在身體的旁邊，位於與腰等高的位置，把球回擊給對手。其實這時他早已被對方逼到快接近邊線了。雖然他右腳很用力地跨出一大步，但他身體卻完全朝正手的較遠處。在這種身體造型下回擊的球，無論是接對手的大力發球，還是回擊對手的大力扣殺，都應該是全力筆直地回擊原處。

但王友福卻在一瞬間突然翻轉手腕，把球交叉切擊向對手的正手前側。無論自己的身體姿勢多麼痛苦難受，他始終保留一種反攻的強烈意念。

五、張寧的反手推球

開闊的擊球範圍，舒展的擊球姿勢，再加上迅速無比的推球動作，張寧的反手推球動作完美到了極點。而所有的這一切，都是因為控制了理想的擊球點，所以她才能自如地擊球。

對手打過來一個正手球，並且非常貼網。張寧看清了來球的路線後開始快速移動，先邁左腳，接著邁出右腳。

穿梭式的快速大步移動，彷彿就要移動球網的另一邊去。

右腳著地的同時，取得了反手推球的有利位置。球拍的拍面角度開始時保持完全與繩線平行，然後漸漸略有傾斜。

如果從身體姿勢以及球拍的角度來看，是一種近網直起直落還擊球的方法。

六、皮特・蓋的滑動推球

皮特・蓋在一個大跨步後，迅速到達擊球位置，並且用滑動揮拍法取得奇效。對手雖然在最後時刻終於判斷出球路，但為時已晚。技術的關鍵是回球時拍面的變化。

對手打出一個近網球，皮特・蓋迅速起動移向來球。注意，皮特・蓋把球拍豎拿於身體前方，同是他把臉略微向內側一些，形成向對手正面推球的身體姿勢。

雖然已經進入擊球狀態，但在這個時候還是不能讓人判斷出擊球的線路。球拍拍面處於切球的狀態，因此這算是第一次採用了滑動揮拍。

七、拉斯姆森的快速移動

在整個動作過程中，除了判斷及時準確、移動迅速等長處外，拉斯姆森的冷靜非常值得稱道。

本來應該是左腿蹬出，拉斯姆森為求快速，省略了兩腿的交替移動，瞬間就達到了右腿支撐身體的位置。

在爭取把球打至對方反手時，拉斯姆森抓住一個機會，取得勝利。

在打網前球時，有的選手常出現急於發力強行擊球的情況。事實上當對手身體前傾，且來球較高時，只要輕輕地用拍子觸球，就可以打出角度刁鑽的球，而且還可以防止失誤。

降低重心，略向前傾，伺機出動。

拉斯姆森已判斷出對方要回一個貼網球，他在舉起球拍的同時向球的落點處迅速移動。

到達最佳擊球位置。

進入擊球狀態。

注意，球拍並不是向下方揮動，而是向上輕輕搓球。這是為了防止回球過高或觸網。

八、龔智超柔和的殺球

在確認球將飛向身後一側時，龔智超把全身重量移動左腳。

右肩下撤，同時進行身體方位的變換。

輕輕一跳。

龔智超在相當嚴峻的較量中，以極難的身體姿勢回擊了一個高品質的劈吊球。

擊球點從腰的位置算起來大約還要向後方兩倍於球拍的長度。在這樣不利的回合中，身體被迫成這樣的姿勢，龔智超依然回擊了一個高品質的劈吊球，可見其身體柔韌性之佳。

要點：

●這樣的身體姿勢，給人一種已是全力以赴，僅僅只能擊球回網的感覺，應該不可能進攻。但實際上，球觸到球拍只是一瞬間的事情，龔智超讓球拍彷彿是撫摸著球般，把球劈向對手的正手較遠處。完成了一個筆直的劈吊。

●本來她的身體姿勢很容易被對手判斷出將要擊出什麼樣的球，但她出乎意料地把球擊到對方並沒有預料到的正手遠處。

●龔智超難受的身體姿勢，給對手一種放鬆的錯覺。另外，柔和地把球擊回去，在贏得時間上也獲得了成功。

●右腳大幅度地向前方揚起，一般而言，這樣的姿勢身體會如流水般發飄，但她在抬腳時，憑藉極強的腳部力量和彈跳力，左腳也略向前方踢出去。這裏充分表現出她即使被對手逼入絕境時，仍然擁有一種要扭轉局面的意識。

九、湯仙虎原地起跳殺直線球

步子到位後，屈膝下降重心，做好起跳擊球準備。

側身起跳時，往右上方提肩，帶動上臂、前臂和球拍上舉，以便向上伸展身體。

起跳後，身體左轉同時後仰，挺胸腹成「弓」形，以便發揮腰腹力量。

接著右上臂往右後上擺起，前臂自然後擺，手腕後伸，前臂帶動球拍由上往後下揮動，這時握拍要鬆。

隨後凌空轉體、收腹帶動右上臂往右上擺起，肘部領先，前臂全速往前上揮動，手腕充分後伸，帶動球拍由後下稍往右後下揮動。

由於前臂的突然加快向前上擺，使手腕後伸至最大限度，它有利於發揮腕、指的爆發力。

前臂的全速往前上揮動，也帶動了球拍高速往前上揮動。

當擊球點在肩的前上方時，前臂內旋，手腕前屈微收，閃腕發力殺球。這裏手指突然抓緊拍柄，把手腕的爆發力集中到擊球點上，球拍和擊球方向水平面的夾角小於 90 度，球拍正面擊球托的後部，使球直線下行。

整個收腹、揮臂、揮拍殺球的動作是在身體由右手稍向左前轉動的過程中完成的。殺球後，前臂隨慣性往體前收。

在回位過程中球拍回收至胸前。

十、湯仙虎的騰空劈殺

重心下降，準備跳起擊球。
注視來球，判斷好落點。
右手持拍於體側，抬頭注視球。

騰空跳起，右手自然上舉。
空中收腹用力。靠腰腹帶動大臂，協調小臂、手腕的綜合力量，全力殺球。

十一、湯仙虎的正手抽球

右腳稍向右側邁出一小步，同時上體稍往右側傾，右臂向右側上擺，球拍隨著上舉，肘關節角從 90 度左右逐漸增大，並保持一定角度，左腳跟提起。

前臂急速往右側前方揮動，從外旋轉為內旋，手腕由後伸至伸直閃腕，手指握緊拍柄，高速揮拍擊球，由後下往右側稍平地抽壓過去。

由肘關節開始前擺發力，前臂稍後擺而帶有外旋，手腕從稍外展至後伸，使球拍引至後下方。

擊球後，球拍順勢蓋過去向左邊擺，左腳往左前方跟進一步，準備迎擊下一次擊球。

十二、湯仙虎的反手抽球

右腳向左前跨一步，身體左轉，右前臂往身前收，肘部稍上抬，前臂內旋，手腕外展，球拍引向左側。

揮拍的路線是由下稍上至前，擊球後球後順勢蓋過去，使球向前平直飛行。

右前臂在往前揮拍的同時外旋，手腕由外展到伸直至內收閃腕，手指突然握緊拍柄，拇指前頂，迎球揮拍，擊球托的後底部。

擊球後，球拍隨身體的回動而回收。

十三、皮特・蓋的打對角線

打對角線是羽毛球比賽中常用的戰術，看似簡單，但其中卻蘊含著許多奧妙。下面我們依次解析男單名將丹麥的皮特・蓋、馬來西亞的拉・西德克和女單高手中國的葉釗穎與丹麥的馬汀打對角線的動作，看看他們各自有哪些絕活。

皮特・蓋這一動作的要點是流暢的步法。首先是在伸展的擊球姿勢下，稍出右腳迅速轉移重心，第2步跟上左腳，第3步右腳到達接球位置。另外，在出手時皮特・蓋帶有一點切球的動作。

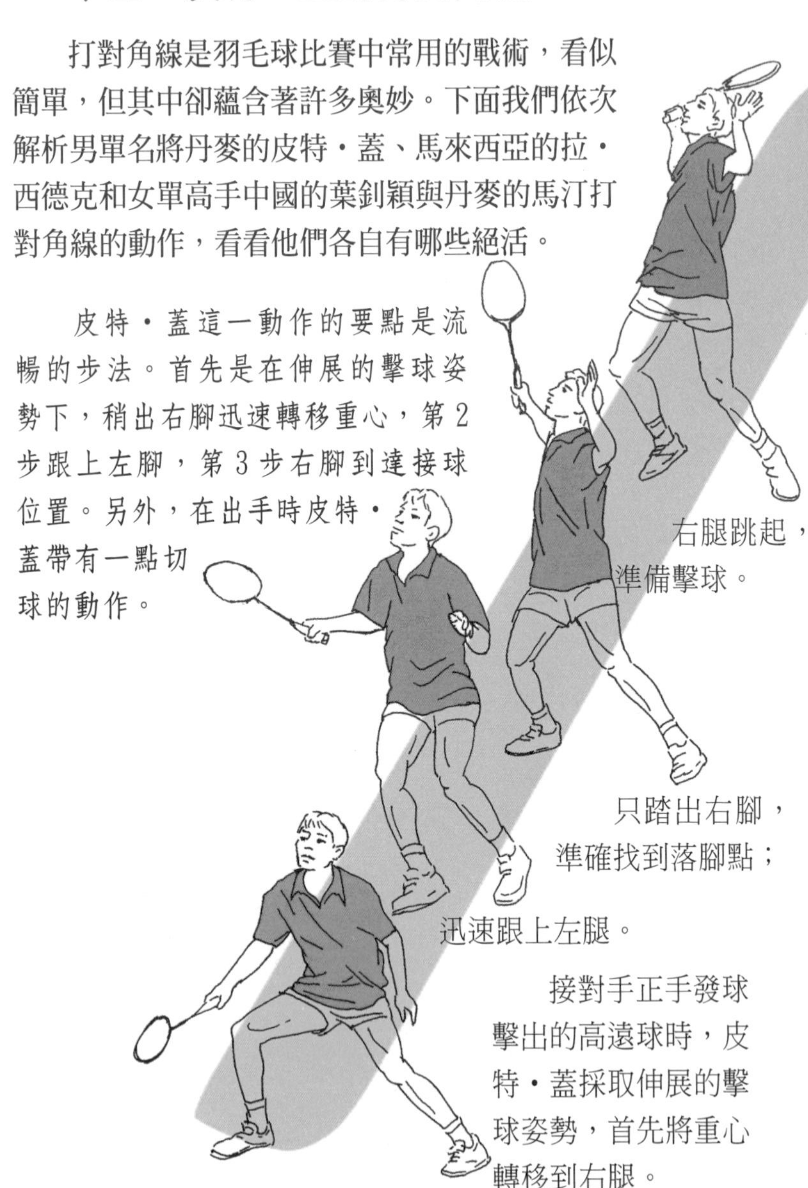

揮動球拍，將球擊至後場。通常我們都知道打對角線至後場要靠肘部的力量，而且還要扭轉上半身，借助腰腹力量。而圖中所示的皮特·蓋所採用的姿勢及揮拍方式則需要腕部有極好的爆發力。

擊出球後，將身體轉向正面；

回到原來位置，準備迎接對手的下一次進攻。

十四、拉・西德克的打對角線

接對手反手擊來的球時，轉身後正手擊球，稱為連續擊球。拉・西德克就是由這種連續擊球，打對角線至後場。

連續擊球的技術關鍵是左腿的使用方法和膝部的彈跳力，還有腳力的強化。

右腿再向上，做好向前去的準備。這是連擊中的要點，腿越往上抬（最理想的要達到比腰還高的高度），向前去的趨勢就越強。所以，不只是右腿，還有必要強化用來支撐身體的左腿。左腿力量強的選手在移動、跨步方面都很迅速，這是羽毛球高手應具備的重要條件。

十五、葉釗穎的打對角線

判斷出對手來球的落點後，伸出右腿。

跟上左腿的同時找到落腳點。

與拉‧西德克一樣，並齊雙腿，上半身放鬆。

繼續扭轉身體，讓對手認為下次可能要打對角線，然後出手打出一個快速直線平抽球，令對手判斷失誤。

輕鬆找到落腳點，看準目標，然後側身似要正手出擊，再將手腕向外一撇大力扣殺，即使是一個平高球，也能以兩三個假動作給對手造成假像。這可稱得上是世界頂尖高手的超級出擊。

十六、馬汀的打對角線

獨特的伸展擊球姿勢，將重心放在右腿上。

跟上左腿然後出右腿。

再跟上左腿。與葉釗穎相比，到達落腳點的時間較晚，沒有轉身，而只是面向側面擊球。

兩腿併攏的同時擊球。這時身體微側轉，是為了讓對手錯認為她要攻反手，這是馬汀獨創的假動作。

從手腕與肘部的運動來看，是正手直線點殺，但從頭部的位置分析，使勁向前伸，然後迅速向旁邊靠，這樣就可以立即變換為平抽對角線。雖然馬汀的這一假動作算不上什麼理想姿勢，但對對手而言，其球路的突變是非常有攻擊性的。

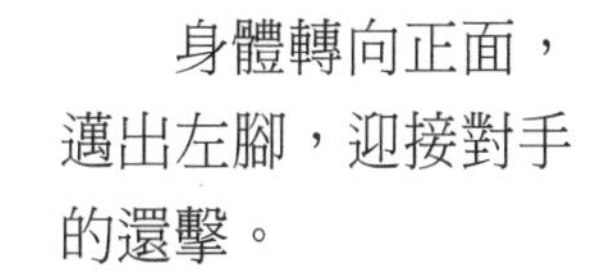

身體轉向正面，邁出左腳，迎接對手的還擊。

快速換成了平抽對角線。

注意，馬汀本該必須向前邁的右腳卻向後撤，用肩膀的力量擊球。也許就是這種姿勢讓對手認爲馬汀打出的是針對對手反手的一個點殺。

健康加油站

1 糖尿病預防與治療 定價200元

2 胃部機能與強健 定價180元

3 不孕症治療 定價200元

4 簡易醫學急救法 定價200元

5 肥胖健康診療 定價200元

6 肝功能健康診療 定價

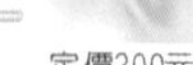

7 高血壓健康診療 定價200元

8 高血糖值健康診療 定價200元

9 尿酸值健康診療 定價200元

10 膽固醇中性脂肪健康診療 定價200元

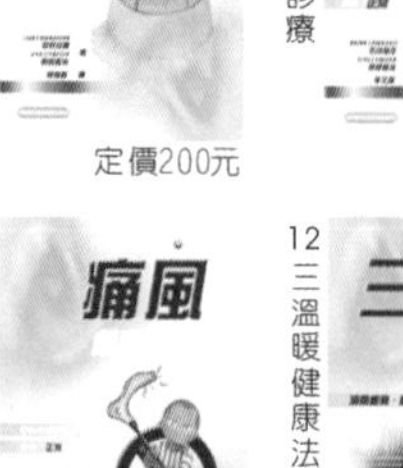

11 痛風劇痛消除法 定價180元

12 三溫暖健康法 定價

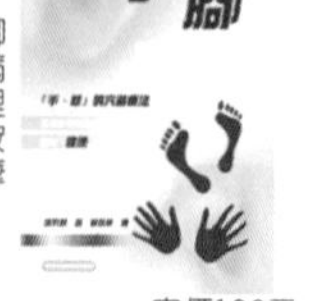
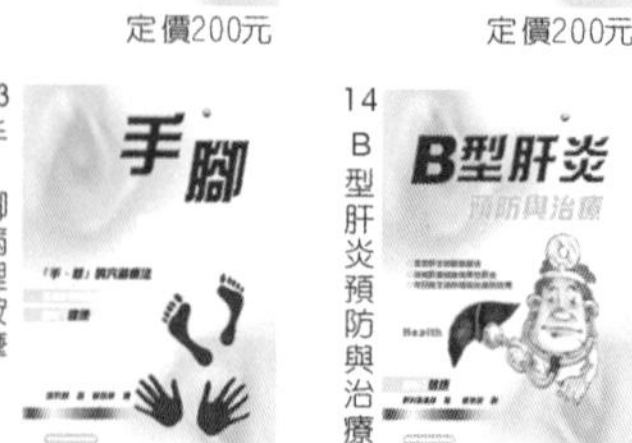

13 手・腳病理按摩 定價180元

14 B型肝炎預防與治療 定價180元

15 吃得更漂亮、健康 定價180元

16 茶使您更健康 定價180元

17 圖解常見疾病運動療法 定價180元

18 科學健身改變亞健康 定

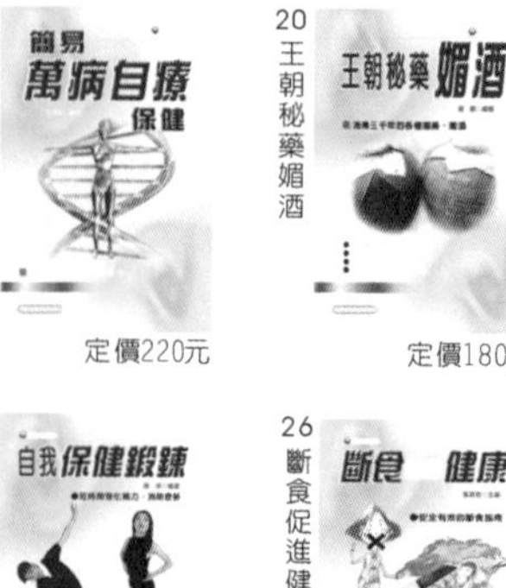

19 簡易萬病自療保健 定價220元

20 王朝秘藥媚酒 定價180元

21 立見實效保健操 定價180元

22 越吃越幸福 定價200元

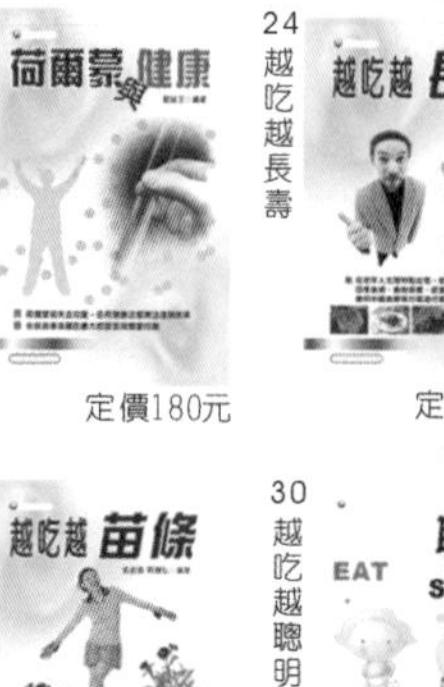

23 荷爾蒙與健康 定價180元

24 越吃越長壽 定

25 自我保健鍛鍊 定價180元

26 斷食促進健康 定價180元

27 蔬菜健康法 定價200元

28 水果健康法 定價200元

29 越吃越苗條 定價200元

30 越吃越聰明 定

31 全方位健康藥草 定價200元

32 人體記憶地圖 定價350元

33 提升免疫力戰勝癌症 定價280元

34 腎臟病預防與治療 定價230元

快樂健美站

定價280元

2 自行車健康享瘦

定價280元

3 跑步鍛鍊走路減肥

定價280元

4 創造健康的肌力訓練

定價220元

5 舒適超級伸展體操

定價280元

6 水中有氧運動

定價280元

定價280元

8 創造超級兒童

定價280元

9 使頭腦變聰明

定價280元

10 防止老化的身體改造訓練

定價280元

11 三個月塑身計畫

定價280元

12 懶人族瑜伽

定價280元

定價240元

14 忙裡偷閒練瑜伽祛病養生篇

定價240元

15 健身跑激發身體的潛能

定價200元

16 中華鐵球健身操

定價180元

17 彼拉提斯健身寶典

定價280元

18 全身保健操＋VCD
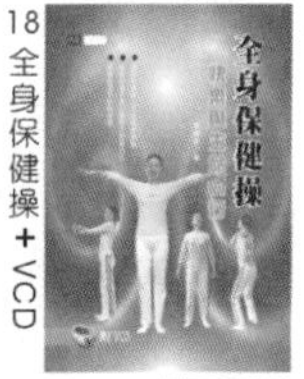

定價280元

定價180元

20 豐胸做自信女人

定價200元

21 輕鬆瑜伽治百病

定價280元

22 瑜伽秀體小品

定價280元

23 熱舞瘦身小品

定價280元

24 整形打造美麗

定價250元

定價350元

休閒保健叢書

1 瘦身保健按摩術

定價200元

2 顏面美容保健按摩術
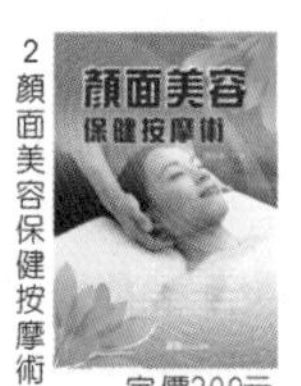

定價200元

3 足部保健按摩術

定價200元

4 養生保健按摩術
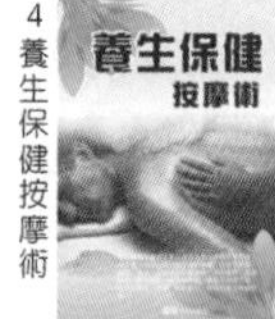

定價280元

5 頭部穴道保健術

定價180元

6 健身醫療運動處方

定價230元

7 實用美容美體點穴術

定價350元

8 中外保健按摩技法全集+VCD
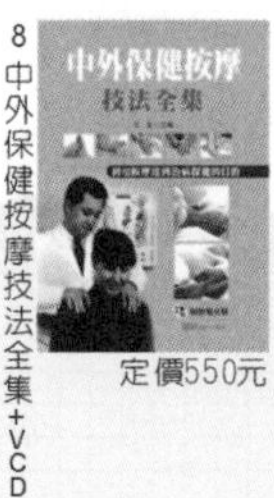

定價550元

9 中醫三補養生神補食補藥補
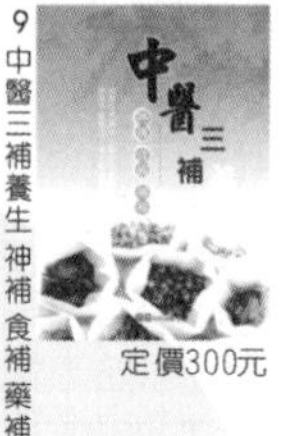

定價300元

10 運動創傷康復診療

定價550元

11 養生抗衰老指南

定價350元

12 創傷骨折救護與康復

定價220元

圍棋輕鬆學

1 圍棋六日通

定價160元

7 中國名手名局賞析

定價300元

8 日韓名手名局賞析

定價330元

9 圍棋石室藏機

定價250元

10 圍棋不傳之道
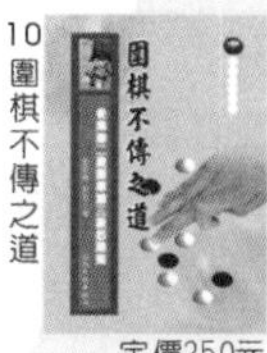

定價250元

11 圍棋出藍秘譜
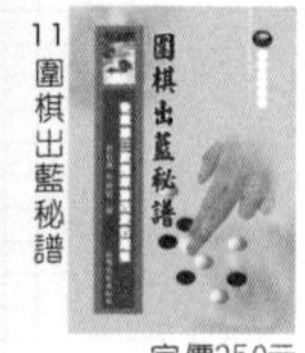

定價250元

12 圍棋敲山震虎
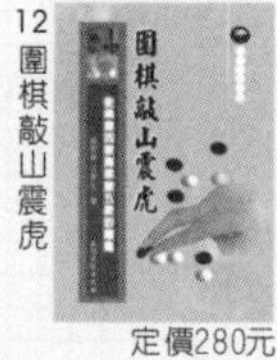

定價280元

13 圍棋送佛歸殿
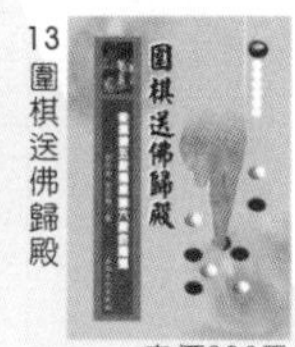

定價280元

象棋輕鬆學

1 象棋開局精要
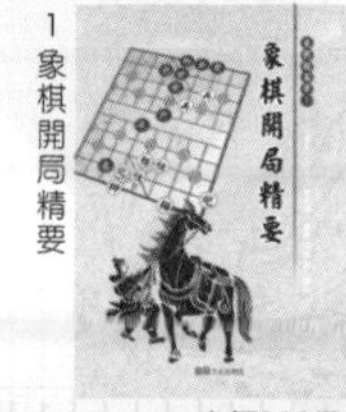

定價280元

2 象棋中局薈萃

定價280元

3 象棋殘局精粹

定價280元

4 象棋精巧短局

定價280元

國家圖書館出版品預行編目資料

羽毛球技巧圖解 / 彭美麗 主編
—初版—臺北市：大展，2006【民95】
面；21公分—（運動精進叢書；12）
ISBN 978-957-468-494-6（平裝）
1. 羽球
528.959　　95016498

羽毛球技巧圖解

著　　者／彭　美　麗
責任編輯／秦　德　斌
發 行 人／蔡　森　明
出 版 者／大展出版社有限公司
社　　址／台北市北投區（石牌）致遠一路2段12巷1號
電　　話／(02) 28236031・28236033・28233123
傳　　真／(02) 28272069
郵政劃撥／01669551
網　　址／www.dah-jaan.com.tw
E-mail／service@dah-jaan.com.tw
登 記 證／局版臺業字第2171號
承 印 者／傳興印刷有限公司
裝　　訂／眾友企業公司
排 版 者／弘益電腦排版有限公司
授 權 者／北京體育大學出版社
初版1刷／2006年（民 95）11月
初版3刷／2011年（民100） 3月
定價／220元

大展好書　好書大展
品嘗好書　冠群可期

大展好書　好書大展

品嘗好書　冠群可期